Andrea Maffia

A cura di
Eleonora Pellegrini

DA ZERO A INFINITO 1

Corso di **MATEMATICA** per la scuola secondaria di primo grado

QUADERNO OPERATIVO

FABBRI EDITORI

Coordinamento redazionale: Elisabetta Rolla
Progetto grafico: Apotema+ s.r.l., Cologno Monzese (MI)
Redazione: puntoacapo s.r.l., Torino
Elaborazione digitale testo e immagini e impaginazione: Studio AGE, Bologna
Referenze iconografiche: Getty Images, iStock
Fotografie originali: Stefano De Ponti
Disegni: puntoacapo s.r.l., Torino
Copertina: Apotema+ s.r.l., Cologno Monzese (MI)

ISBN 978-88-915-1935-1

Prima edizione: gennaio 2016

Ristampe

2017	2018	2019	2020
3	4 5	6 7	8 9

Stampato presso Rotolito Lombarda, Seggiano di Pioltello (MI)

PRESENTAZIONE

Questo è il tuo **Quaderno Operativo**!

Preparati, perché qui si fa matematica anche sporcandosi le mani!

Troverai molte **SCHEDE** in cui sono proposte attività che potrai svolgere da solo o con i tuoi compagni.

Ogni scheda è contrassegnata da un numero e da un colore. I colori sono 4 e corrispondono a quelli che trovi nel libro di testo. A ogni colore corrisponde un ambito matematico, ti aiuterà a orientarti.

Dati e previsioni

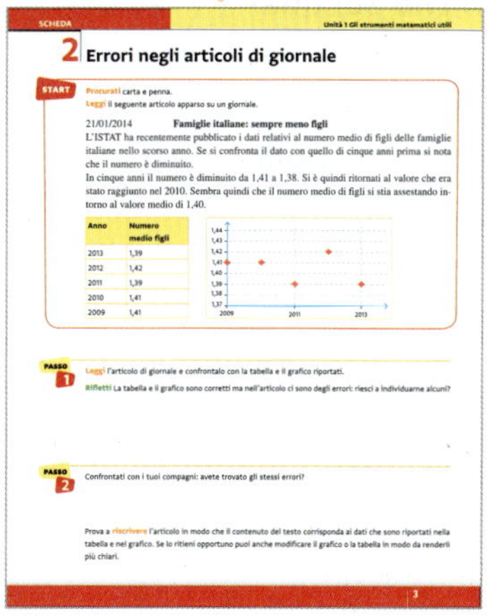
SCHEDA — Unità 1 Gli strumenti matematici utili

2 Errori negli articoli di giornale

Relazioni e funzioni

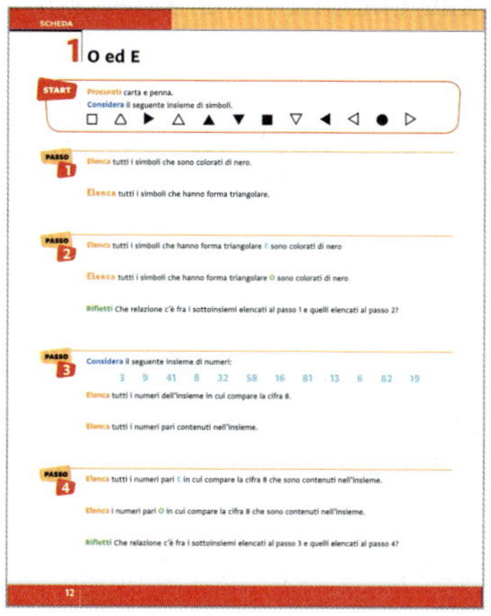
SCHEDA

1 O ed E

Numeri

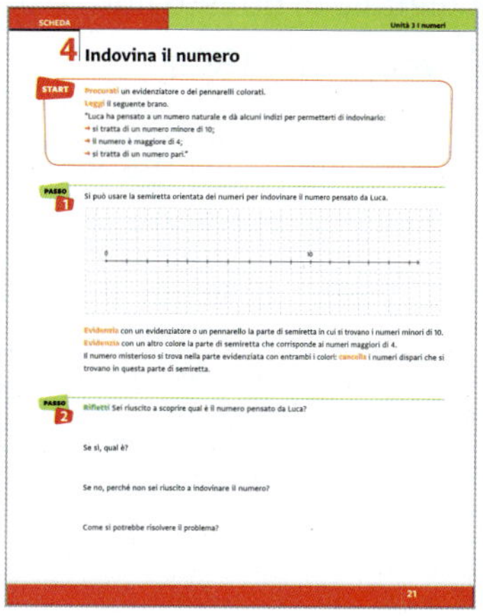
SCHEDA — Unità 3 I numeri

4 Indovina il numero

Spazio e figure

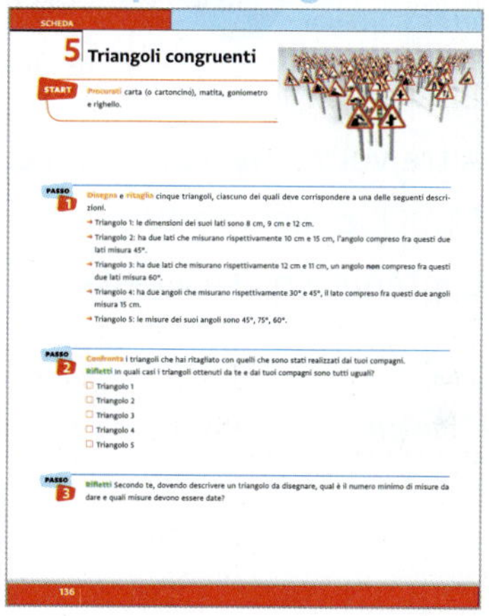
SCHEDA

5 Triangoli congruenti

La scheda è divisa in più parti:

- Lo **START** ti dice quali materiali serviranno per l'attività e racconta quello che dovrai fare.

4 Diagonali di un poligono

START Procurati il coperchio di una scatola da scarpe, dei fili elastici di due colori diversi, sei fermacampioni e un paio di forbici.
Appoggia sul tavolo il coperchio della scatola in modo che la parte cava sia rivolta verso il basso e la parte piatta verso l'alto. Con la punta di una forbice pratica 6 forellini disposti come nella seguente figura (se vuoi puoi ricalcare i punti in figura su un foglio di carta da lucido e poi trasferire il foglio sopra la scatola).

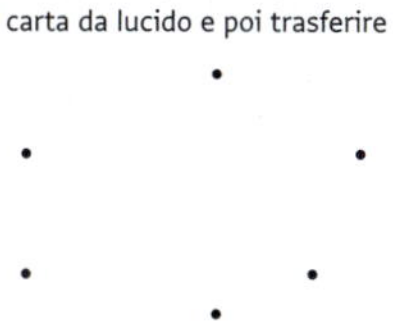

Infila un fermacampione in ciascun forellino e fissalo al coperchio lasciandolo sporgere leggermente dalla superficie.

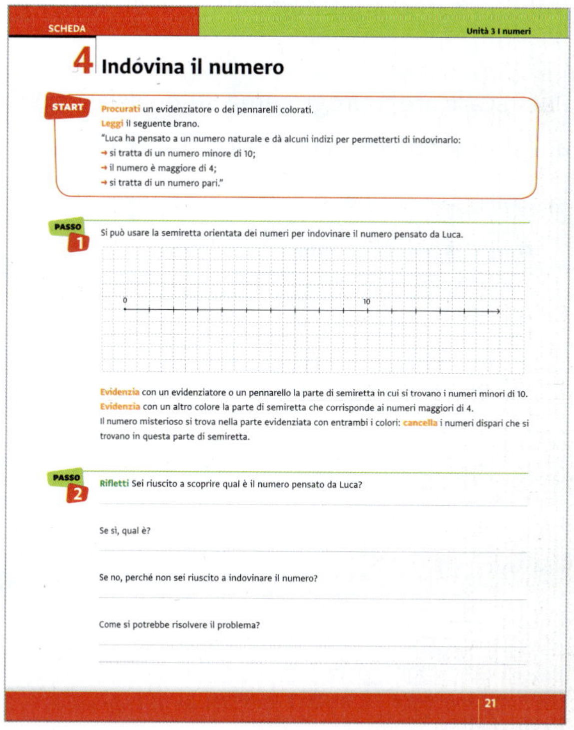
SCHEDA — Unità 3 I numeri

4 Indovina il numero

START Procurati un evidenziatore o dei pennarelli colorati.
Leggi il seguente brano.
"Luca ha pensato a un numero naturale e dà alcuni indizi per permetterti di indovinarlo:
→ si tratta di un numero minore di 10;
→ il numero è maggiore di 4;
→ si tratta di un numero pari."

PASSO 1 Si può usare la semiretta orientata dei numeri per indovinare il numero pensato da Luca.

0 10

Evidenzia con un evidenziatore o un pennarello la parte di semiretta in cui si trovano i numeri minori di 10.
Evidenzia con un altro colore la parte di semiretta che corrisponde ai numeri maggiori di 4.
Il numero misterioso si trova nella parte evidenziata con entrambi i colori: cancella i numeri dispari che si trovano in questa parte di semiretta.

PASSO 2 Rifletti Sei riuscito a scoprire qual è il numero pensato da Luca?

Se sì, qual è?

Se no, perché non sei riuscito a indovinare il numero?

Come si potrebbe risolvere il problema?

21

- Dopo lo START ci sono vari **PASSI**. A volte ne troverai uno solo, altre volte saranno molti.
Ti guideranno nello svolgimento dell'attività, quindi leggi con cura tutto quello che c'è scritto.
Molte volte ti verrà chiesto di scrivere la tua opinione: prova sempre a scrivere qualcosa. Forse a volte ci sarà qualche errore, ma non importa, qui è concesso fare qualche tentativo!

Le attività proposte sono molte: ci sono **esplorazioni** da fare, **problemi** da risolvere e **giochi** da scoprire o inventare.

Alcune cose saranno semplici, altre più difficili. Tu non scoraggiarti, potrai chiedere aiuto ai tuoi compagni e al tuo insegnante.

In alcune schede troverai dei suggerimenti scritti dentro a fumetti come questo.

In alcune schede troverai il simbolo rappresentato qui di fianco: vuol dire che nella versione digitale di questo libro è possibile cliccarci sopra per aprire un **file** sul quale dovrai svolgere l'attività.

Altre volte, invece, dovrai essere tu ad aprire il programma indicato e a seguire le istruzioni elencate nello START e nei vari PASSI. In questi casi, ti verranno in aiuto le immagini delle schermate del programma contenute nella scheda.

START **Procurati** un computer o LIM con software di geometria dinamica.
Osserva Facendo clic sul pulsante Retta compare un menu a tendina che contiene numerosi altri comandi, fra i quali il comando Segmento (osserva l'immagine d'esempio qui accanto).

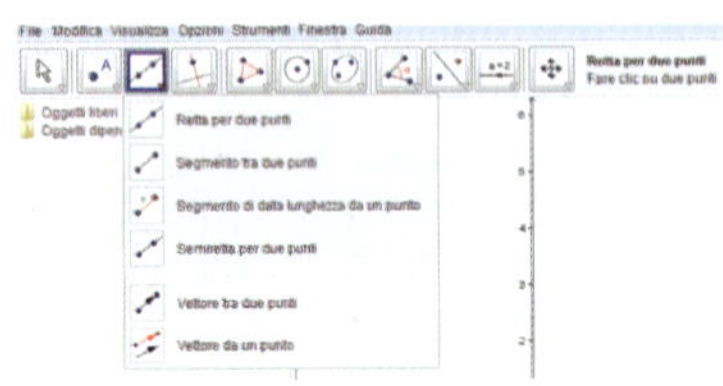

Per aprire alcuni dei file e per eseguire alcune attività ti servirà un **software di geometria dinamica**. Potrai scaricarne gratuitamente uno su **www.geogebra.org/download**.

Puoi scaricare il programma su qualsiasi tipo di supporto elettronico (computer, tablet o smartphone). In questo modo potrai utilizzare il software anche quando sei a casa tua.

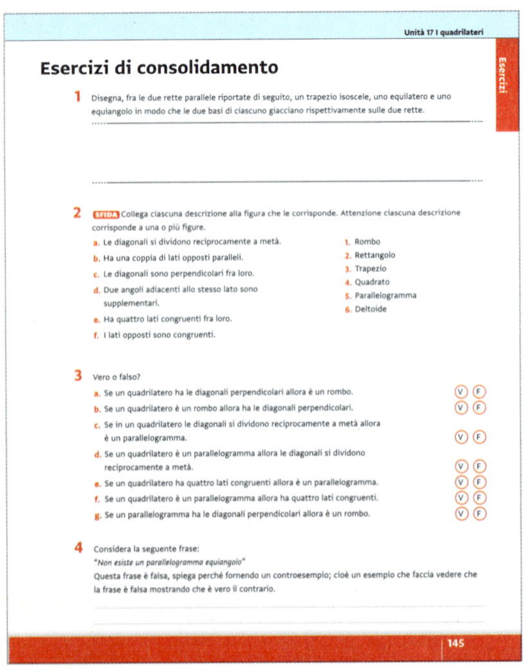

Unità 17 I quadrilateri

Esercizi di consolidamento

Esercizi

1 Disegna, fra le due rette parallele riportate di seguito, un trapezio isoscele, uno equilatero e uno equiangolo in modo che le due basi di ciascuno giacciano rispettivamente sulle due rette.

2 SFIDA Collega ciascuna descrizione alla figura che le corrisponde. Attenzione ciascuna descrizione corrisponde a una o più figure.

a. Le diagonali si dividono reciprocamente a metà.
b. Ha una coppia di lati opposti paralleli.
c. Le diagonali sono perpendicolari fra loro.
d. Due angoli adiacenti allo stesso lato sono supplementari.
e. Ha quattro lati congruenti fra loro.
f. I lati opposti sono congruenti.

1. Rombo
2. Rettangolo
3. Trapezio
4. Quadrato
5. Parallelogramma
6. Deltoide

3 Vero o falso?

a. Se un quadrilatero ha le diagonali perpendicolari allora è un rombo. V F
b. Se un quadrilatero è un rombo allora ha le diagonali perpendicolari. V F
c. Se in un quadrilatero le diagonali si dividono reciprocamente a metà allora è un parallelogramma. V F
d. Se un quadrilatero è un parallelogramma allora le diagonali si dividono reciprocamente a metà. V F
e. Se un quadrilatero ha quattro lati congruenti allora è un parallelogramma. V F
f. Se un quadrilatero è un parallelogramma allora ha quattro lati congruenti. V F
g. Se un parallelogramma ha le diagonali perpendicolari allora è un rombo. V F

4 Considera la seguente frase:
"Non esiste un parallelogramma equiangolo"
Questa frase è falsa, spiega perché fornendo un controesempio; cioè un esempio che faccia vedere che la frase è falsa mostrando che è vero il contrario.

145

In fondo a ogni Unità troverai delle pagine che contengono alcuni **Esercizi di consolidamento**. Questi esercizi sono sempre collegati alle attività che sono presentate nelle schede. Quindi, se hai difficoltà a svolgerne uno, prova a riguardare le schede su cui hai già lavorato.

Alcuni di questi esercizi saranno un po' più complessi; servono a mettersi alla prova. Infatti, sono indicati con un la parola **SFIDA** scritta su fondo rosso.

SFIDA

Adesso sai tutto quello che ti serve per usare questo quaderno. Non ti resta da fare altro che rimboccarti le maniche.
Buon lavoro!

INDICE

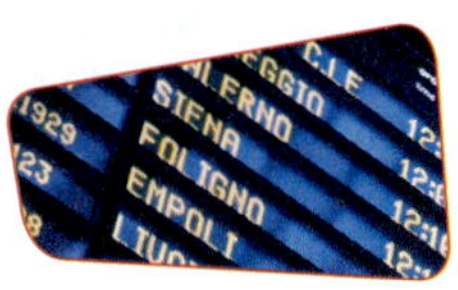
FOLIGNO
EMPOLI

Unità 1 STRUMENTI MATEMATICI UTILI

SCHEDE

Coordinamento redazionale: Elisabetta Rolla
Progetto grafico: Apotema+ s.r.l., Cologno Monzese (MI)
Redazione: Puntoacapo s.r.l., Torino
Elaborazione digitale testo e immagini e impaginazione: Studio AGE, Bologna
Referenze iconografiche: Getty Images, iStock
Fotografie originali: Stefano De Ponti
Disegni: Puntoacapo s.r.l., Torino
Copertina: Apotema+ s.r.l., Cologno Monzese (MI)

Il processo di progettazione, sviluppo, produzione e distribuzione dei testi scolastici di RCS Libri S.p.A. – Divisione Education è certificato UNI EN ISO 9001:2008 (n. 100801) da Lloyd's Register Quality Assurance.

ISBN 978-88-915-1935-1

Prima edizione: gennaio 2016

Ristampe

2016	2017	2018	2017	2018
0 1	2 3	4 5	6 8	9 10

Stampato presso Rotolito Lombarda, Seggiano di Pioltello (MI)

2 Errori negli articoli di giornale

START

Procurati carta e penna.

Leggi il seguente articolo apparso su un giornale.

21/01/2014 **Famiglie italiane: sempre meno figli**

L'ISTAT ha recentemente pubblicato i dati relativi al numero medio di figli delle famiglie italiane nello scorso anno. Se si confronta il dato con quello di cinque anni prima si nota che il numero è diminuito da 1,41 a 1,38. Si è quindi ritornati al valore che era stato raggiunto nel 2010. Sembra quindi che il numero medio di figli si stia assestando intorno al valore medio di 1,40.

Anno	Numero medio figli
2013	1,39
2012	1,42
2011	1,39
2010	1,41
2009	1,41

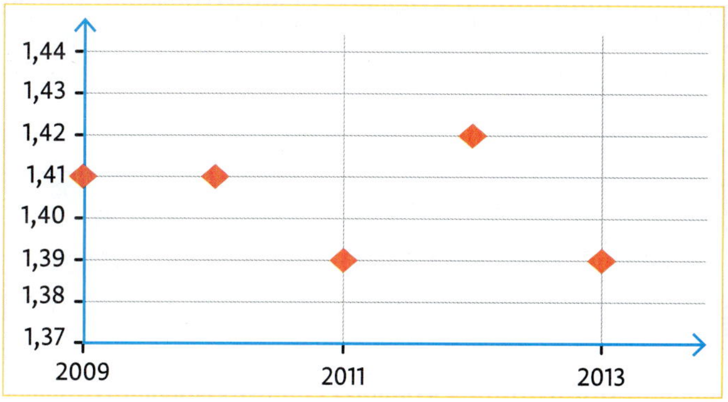

PASSO 1

Leggi l'articolo di giornale e confrontalo con la tabella e il grafico riportati.

Rifletti La tabella e il grafico sono corretti ma nell'articolo ci sono degli errori: riesci a individuarne alcuni?

PASSO 2

Confrontati con i tuoi compagni: avete trovato gli stessi errori?

Prova a **riscrivere** l'articolo in modo che il contenuto del testo corrisponda ai dati che sono riportati nella tabella e nel grafico. Se lo ritieni opportuno puoi anche modificare il grafico o la tabella in modo da renderli più chiari.

3 Tabelle orarie difficili

START

Procurati carta e penna.
Osserva l'immagine posta accanto corrisponde a una parte della tabella degli orari dei treni in partenza dalla stazione di Bologna Centrale.

Come puoi notare, in ogni casella della tabella sono raggruppate molte informazioni che si riferiscono a uno stesso treno in partenza. Alcune di queste sono fornite attraverso dei simboli.

9.03 TER 308 R [2]	**PORTOMAGGIORE** 10.09 Bologna Zanolini 9.06 - Bologna Rimesse 9.08 - Bologna S.Rita 9.10 - Bologna Via Larga 9.12 - Bologna Roveri 9.15 - Villanova 9.18 - Cà Dell'Orbo 9.20 - Castenaso Stel. 9.22 - Castenaso 9.26 - Budrio 9.31 - Budrio Centro 9.34 - Mezzolara 9.44 - Guarda 9.49 - Molinella 9.54 - Consandolo 10.03 - * BINARIO 4 EST NEI GIORNI FESTIVI	3 EST*
9.04* TI 6345 R [2]	**PORRETTA TERME** 10.14 Bologna Borgo Panig. 9.10 - Casteldebole 9.13 - Casalecchio G. 9.17 - Casalecchio di Reno 9.20 - Borgonuovo 9.24 - Sasso Marconi 9.29 - Lama di Reno 9.35 - Marzabotto 9.38 - Pian di Venola 9.41 - Pioppe di Salvaro 9.46 - Vergato 9.53 - Riola 10.01 - Silla 10.09 - * CIRCOLA NEI GIORNI FESTIVI - DAL 14 GIU AL 2 AGO - DAL 24 AGO AL 12 DIC	6 OVEST
9.04* TER 11477 R [2]	**PORRETTA TERME** 10.14 Bologna Borgo Panig. 9.10 - Casteldebole 9.13 - Casalecchio G. 9.17 - Casalecchio di Reno 9.20 - Borgonuovo 9.24 - Sasso Marconi 9.29 - Lama di Reno 9.35 - Marzabotto 9.38 - Pian di Venola 9.41 - Pioppe di Salvaro 9.46 - Vergato 9.53 - Riola 10.01 - Silla 10.09 - * CIRCOLA DAL 14 GIU AL 1 AGO - DAL 24 AGO AL 12 DIC * NON CIRCOLA NEI GIORNI FESTIVI	6 OVEST
9.06* TI 2999 R [2]	**RAVENNA** 10.27 Bologna S.Vitale 9.10 - S.Lazzaro di S. 9.14 - Ozzano dell'Emilia 9.20 - Castel S.Pietro T. 9.27 - Imola 9.35 - Castelbolognese 9.41 - Solarolo 9.47 - Lugo 9.56 - Bagnacavallo 10.03 - Russi 10.13 - Godo 10.17 - * CIRCOLA DAL 14 GIU AL 16 AGO - DAL 21 AGO AL 12 DIC	8

PASSO 1

Scegli uno dei treni indicati all'interno della tabella e descrivi tutte le informazioni che puoi ricavare.
Immagina di dover raccontare queste informazioni a un turista.
Di seguito trovi alcune indicazioni sul significato dei simboli.

Il treno può trasportare biciclette

Il treno è attrezzato per il trasporto di persone disabili che si muovono su sedia a rotelle

[2] Solo seconda classe

R Il treno è un treno regionale, cioè viaggia all'interno della regione ed è un treno economico

PASSO 2

Rifletti Hai avuto difficoltà a tradurre le informazioni riportate nella tabella in un testo?

....

Credi che le informazioni possano essere rappresentate in modo diverso per essere più chiare?

....

Inventa, da solo o con i tuoi compagni, una nuova tabella che contenga le stesse informazioni ma che sia più semplice da leggere.

4 Il profilo altimetrico

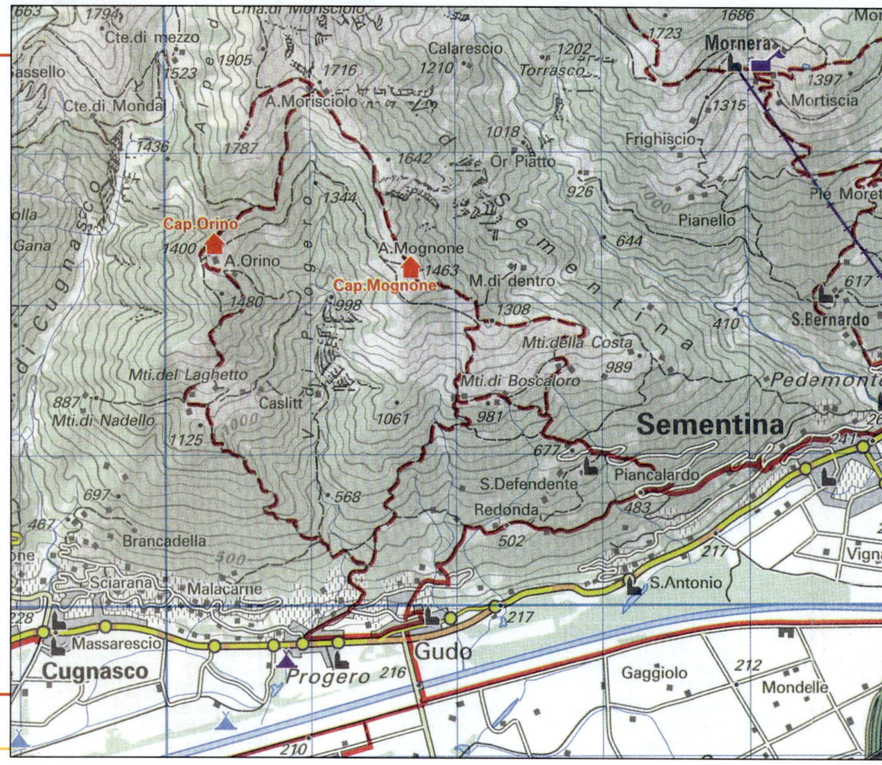

START

Procurati delle matite colorate.
Leggi il seguente brano e **osserva** l'immagine.

"Luca ama camminare in montagna. La carta topografica qui a fianco corrisponde a una zona in cui a Luca piace camminare.
La carta è in scala 1 : 50 000 quindi ogni centimetro sulla carta corrisponde a 500 metri nella realtà."

PASSO 1

Leggi Luca parte da Morisciolo e arriva fino al campeggio di Progero. Man mano che cammina, Luca disegna un grafico in cui riporta sull'asse orizzontale la distanza che ha percorso e su quello verticale l'altitudine a cui si trova.
L'altitudine può essere letta sulla carta grazie ai piccoli numeri che sono riportati; per esempio il trivio Morisciolo si trova a 1716 metri sul livello del mare mentre il campeggio è a 216 metri sul livello del mare.
Di seguito puoi vedere il grafico di Luca.

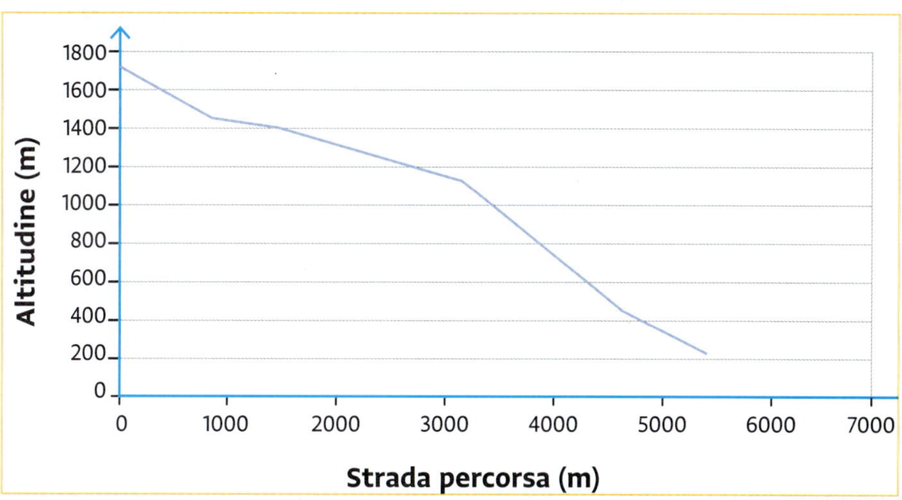

Rifletti Quale sentiero ha percorso Luca? Quello che passa da Capanno Orino o quello che passa da Capanno Mognone? Giustifica la tua risposta.

PASSO 2

Rifletti Come sarebbe stata la linea tracciata da Luca se avesse percorso l'altro sentiero?
Disegnala sul grafico del passo precedente usando un colore diverso.

5 Meteorologo per un giorno

START

Procurati carta e penna.

Osserva Quando si hanno molti dati diversi è utile utilizzare grafici e tabelle per riassumerli. Uno dei contesti in cui viene raccolto un alto numero di dati è quello delle previsioni meteorologiche. Di seguito trovi i dati relativi a una settimana del mese di gennaio nella città di Bologna.

Giorno	Gio	Ven	Sab	Dom	Lun	Mar	Mer	Gio
Precipitazioni (ℓ/m² in 12 ore)	3	0	0	0	0	0	0	3
Tempo	piogge deboli	coperto	parzialmente nuvoloso	parzialmente nuvoloso	sereno	quasi privo di nubi	sereno	sereno

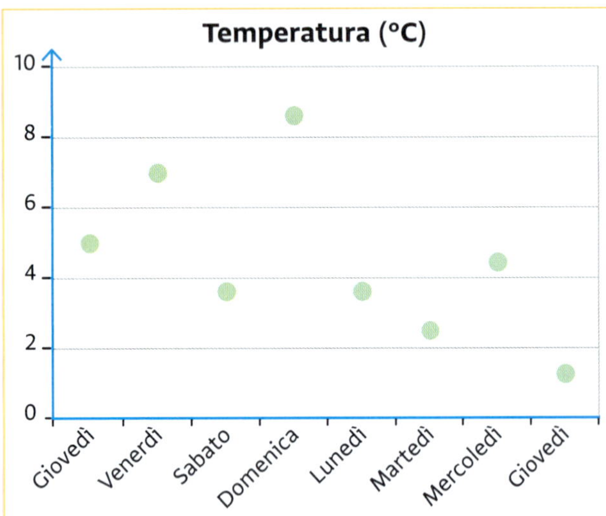

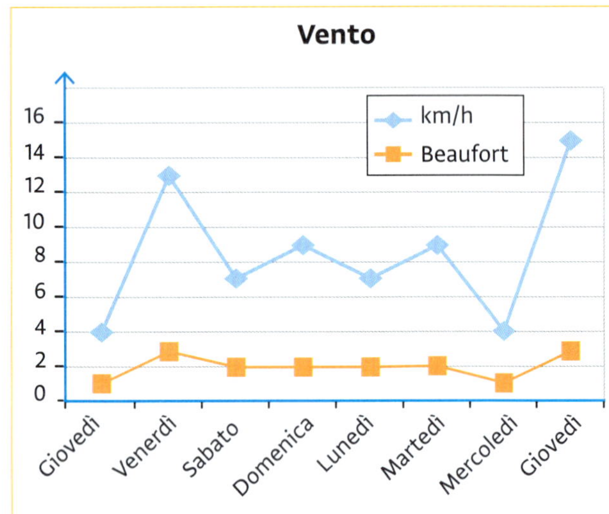

PASSO 1

Immagina che un tuo amico debba recarsi a Bologna in un certo giorno della settimana e abbia bisogno di sapere come vestirsi e che cosa portare con sé.

Scegli uno degli otto giorni e **scrivi** con parole tue che tempo farà basandoti sui dati forniti nei grafici.

....

....

....

PASSO 2

Unisci la tua descrizione a quella dei tuoi compagni così da ottenere una descrizione completa per ogni giorno della settimana.

Esercizi di consolidamento

1 Chiara ha fatto una gita in campagna e ogni volta che ha visto un animale ne ha scritto il nome su un foglietto. Di seguito è riportata la lista che ha ottenuto:

cane - gatto - gatto - gallina - cavallo - cavallo - cavallo - cane - cane - gallina - gallina - gallina - gallina - gatto - gatto

a. Disegna un simbolo accanto al nome di ciascun animale ogni volta che il suo nome compare all'interno della lista, come nell'esempio.

Cane	■■■
Gatto	
Gallina	
Cavallo	

b. Completa la seguente tabella.

Animale osservato	Numero di osservazioni
Cane	3
Gatto	
Gallina	
Cavallo	

2 Nella prima tabella sono riportati i nomi degli impiegati di un'azienda con accanto alcune loro informazioni. Completa la seconda tabella inserendo i nomi degli impiegati.

	Sposato	Ha figli
Mario	no	no
Lucia	no	sì
Chiara	sì	sì
Antonio	sì	sì
Sara	sì	no
Veronica	sì	no
Pietro	no	sì

	Sposato	Non sposato
Ha figli	Chiara	Lucia
Non ha figli		

3 Nella seguente tabella è riportato il numero di piatti di pasta ordinati durante una cena in un ristorante.

	Penne	Spaghetti	Farfalle	Fusilli
Ragù	5			4
Pesto	2	3	1	2
Panna	1		7	5

Completa le due seguenti tabelle inserendo il numero di piatti di pasta ordinati suddividendoli solo in base al condimento (prima tabella) e solo in base alla tipologia di pasta (seconda tabella).

Sugo	Numero piatti
Ragù	9
Pesto	
Panna	

Pasta	Numero piatti
Penne	8
Spaghetti	
Farfalle	
Fusilli	

4 Maria aggiunge ogni giorno 2 euro nel suo salvadanaio. Nel grafico **a.** è rappresentato il valore dei risparmi di Maria in tre giorni.

a. Completa il grafico **a.** inserendo i valori corrispondenti ai giorni successivi.

a.

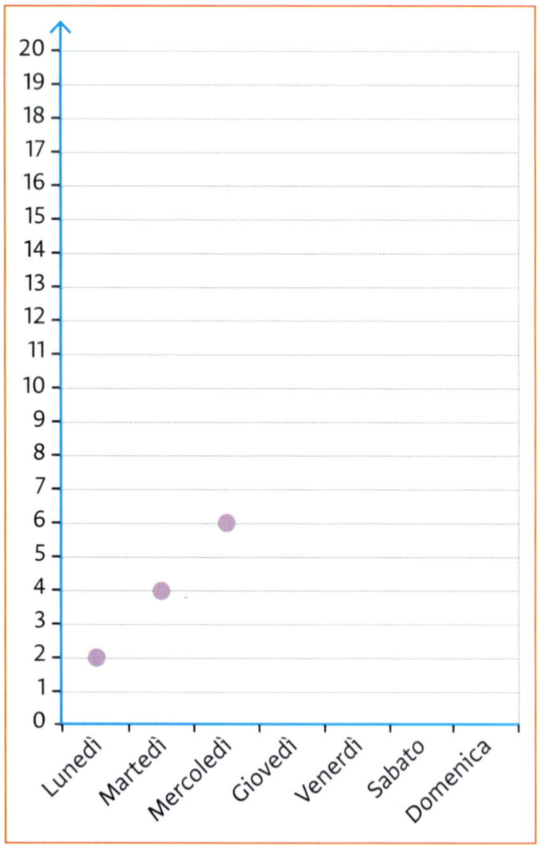

b.

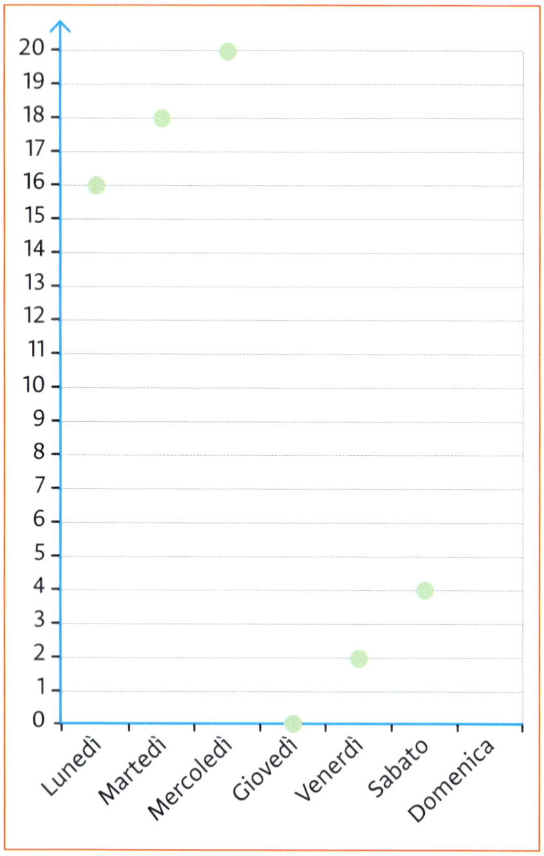

b. Nel grafico **b.** sono rappresentati i risparmi di Maria nella settimana successiva. Che cosa è successo giovedì?

....

5 Giulia ha chiesto ad alcuni amici quali siano i loro frutti e dolci preferiti. Michele le ha risposto che gli piacciono le mele e il tiramisù; anche Cristiano e Laura sono amanti delle mele ma loro preferiscono mangiare, rispettivamente, la torta al cioccolato e il gelato. Marcello preferisce l'ananas e la torta millefoglie. A Giovanna piace molto la torta al cioccolato, così come ad Antonio. La ragazza mangia volentieri le fragole mentre il ragazzo preferisce le mele.
Costruisci un grafico o una tabella che sia utile a rappresentare queste informazioni e giustifica la scelta che hai fatto.

6 **SFIDA** Completa i due grafici utilizzando i dati che sono inseriti nella tabella.

1ª A	16
2ª A	20
3ª A	20
1ª B	18
2ª B	22
3ª B	19

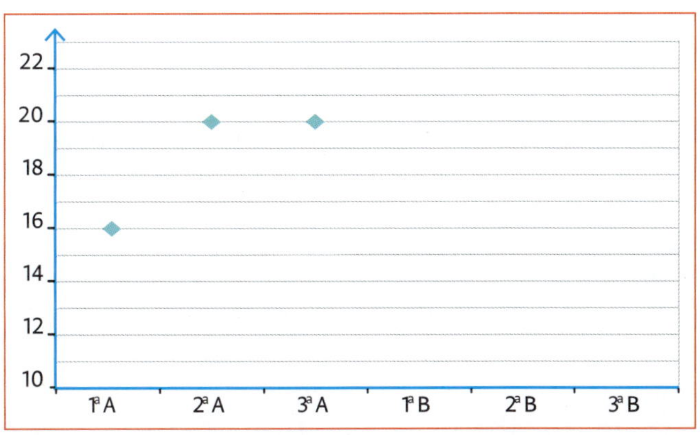

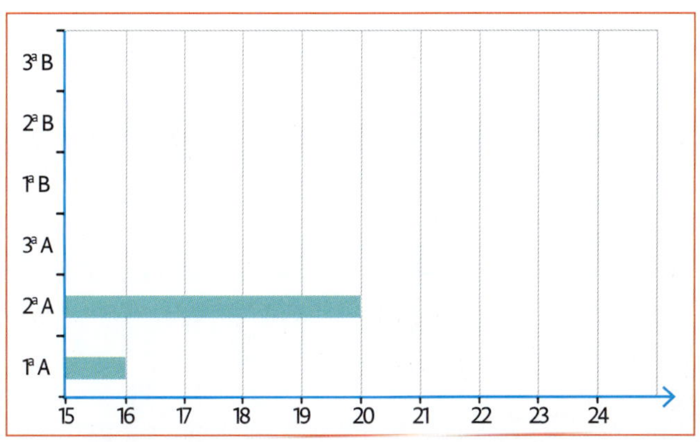

7 **SFIDA** Nel seguente grafico è rappresentato il numero di goal fatti dalla squadra Best-Football nelle diverse partite di un torneo.

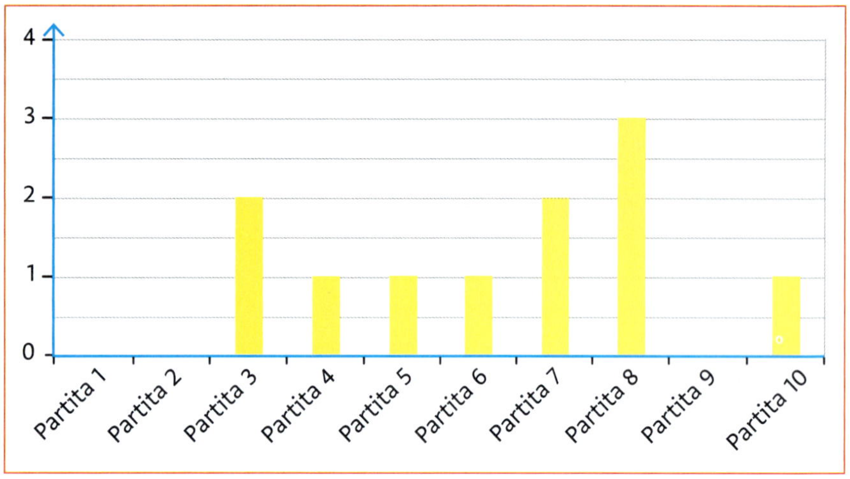

Completa la tabella e calcola il valore medio di goal fatti per partita.

Goal	Numero di partite
0	
1	
2	2 partite
3	

Media di goal per partita: ....

Unità 2 GLI INSIEMI IN MATEMATICA

SCHEDE

1 O ed E

START

Procurati carta e penna.

Considera il seguente insieme di simboli.

□ △ ▶ △ ▲ ▼ ■ ▽ ◀ ◁ ● ▷

PASSO 1

Elenca tutti i simboli che sono colorati di nero.

....

Elenca tutti i simboli che hanno forma triangolare.

....

PASSO 2

Elenca tutti i simboli che hanno forma triangolare **E** sono colorati di nero.

....

Elenca tutti i simboli che hanno forma triangolare **O** sono colorati di nero.

....

Rifletti Che relazione c'è fra i sottoinsiemi elencati al passo 1 e quelli elencati al passo 2?

....

PASSO 3

Considera il seguente insieme di numeri:

3 9 41 8 32 58 16 81 13 6 82 19

Elenca tutti i numeri dell'insieme in cui compare la cifra 8.

....

Elenca tutti i numeri pari contenuti nell'insieme.

....

PASSO 4

Elenca tutti i numeri contenuti nell'insieme che sono pari **E** in cui compare la cifra 8.

....

Elenca i numeri contenuti nell'insieme che sono pari **O** in cui compare la cifra 8.

....

Rifletti Che relazione c'è fra i sottoinsiemi elencati al passo 3 e quelli elencati al passo 4?

....

2 Quanti elementi?

START

Procurati carta e penna.

Considera ancora l'insieme di figure elencato nella scheda precedente.

PASSO 1

Considera il sottoinsieme delle figure circolari. Quanti elementi contiene?

....

Considera il sottoinsieme delle figure colorate di nero. Quanti elementi contiene?

....

PASSO 2

Considera il sottoinsieme delle figure circolari **E** colorate di nero. Quanti elementi contiene?

....

Considera il sottoinsieme delle figure circolari **O** colorate di nero. Quanti elementi contiene?

....

Rifletti Fra i vari sottoinsiemi considerati al passo 1 e al passo 2, quale contiene più elementi? Quale contiene meno elementi?

....

....

PASSO 3

Considera il sottoinsieme delle figure circolari e bianche. Quanti elementi contiene?

....

PASSO 4

Considera il seguente insieme di numeri.

2 3 9 8 12 4 19 21 16 6 25 13

Definisci un sottoinsieme che abbia esattamente la metà degli elementi dell'insieme precedente.

....

Definisci un sottoinsieme che abbia esattamente 4 elementi.

....

Definisci un sottoinsieme che non contenga nessun elemento.

....

3 Insiemi misteriosi

START

Procurati carta e penna.

Considera i seguenti insiemi.

Insieme 1: ▶ △ ▲ ▼ ▽ ◀ ◁ ▷

Insieme 2: AGO GOA OGA GAO AOG OAG

Insieme 3: 101 111 121 131 141 151 161 171 181 191

Insieme 4: ⚀ ⚁ ⚂ ⚃ ⚄ ⚅

Insieme 5: 1 4 9 25 36 49 64 81 100

PASSO 1

Osserva con attenzione gli insiemi proposti e per ciascuno di essi trova una descrizione che caratterizzi **tutti e soli** gli elementi dell'insieme.

L'insieme 1 è formato da

....

....

L'insieme 2 è formato da

....

....

L'insieme 3 è formato da

....

....

L'insieme 4 è formato da

....

....

Descrizione 5 - L'insieme 5 è formato da

....

....

Esercizi di consolidamento

1 Prendi alcune fotografie dai tuoi album di famiglia e dividile a seconda del luogo in cui sono state scattate, delle persone che sono ritratte o secondo un altro criterio scelto da te.
Elenca di seguito le categorie in cui hai diviso le tue fotografie e per ciascuna categoria scrivi quante fotografie ci sono.

....

....

....

Ci sono alcune intersezioni fra gli insiemi che hai individuato in questo modo? Se sì, scrivi quali insiemi hanno una intersezione e accanto a ciascuna coppia di insiemi scrivi quante fotografie sono presenti nell'intersezione.

....

....

....

2 Considera l'insieme delle parole anche senza senso di 4 lettere che si possono ottenere utilizzando le lettere A, C, E, T senza ripetere due volte la stessa lettera. Quanti elementi ci sono in questo insieme?

....

....

....

3 **SFIDA** Considera il seguente insieme di numeri.

8 18 28 38 48 58 68 78 88 98

Come potrebbe essere definito questo insieme?

....

Inventa un sottoinsieme dell'insieme dato che contenga esattamente la metà degli elementi.

....

....

Inventa un sottoinsieme dell'insieme dato che contenga esattamente tre elementi.

....

....

Inventa un sottoinsieme dell'insieme dato che contenga esattamente zero elementi.

....

....

4 Considera l'insieme di tutti i possibili cartelli stradali. Quali criteri potrebbero essere utilizzati per suddividerlo in sottoinsiemi?

Considera due fra i criteri che hai elencato. Esistono dei cartelli che li rispettano entrambi? Se sì disegna un esempio.

5 Di seguito sono rappresentate diverse figure. Individua, con un diagramma di Eulero-Venn, tre insiemi diversi.

Di seguito scrivi le caratteristiche che definiscono ciascuno dei tre insiemi.

C'è qualche intersezione fra gli insiemi da te individuati? Se sì, quale caratteristica definisce l'intersezione?

Unità 3 I NUMERI

SCHEDE

1 I numeri dei Maya

START

Procurati carta e penna.

Leggi "Gli antichi Maya avevano un sistema di numerazione ventesimale, cioè ogni cifra poteva assumere un valore compreso fra 0 e 19, così come indicato nella figura accanto.

I numeri venivano scritti mettendo le diverse cifre in verticale in modo che la cifra più bassa rappresentasse le unità, quella subito sopra le ventine e quella ancora sopra venti ventine (cioè 400).

Per esempio il numero 20 si scriveva così , cioè zero unità e una ventina.

Per ottenere 35, invece, si deve sommare 15 con 20, quindi si scrive , in cui le tre linee in basso corrispondono alle 15 unità e il pallino in alto a una ventina."

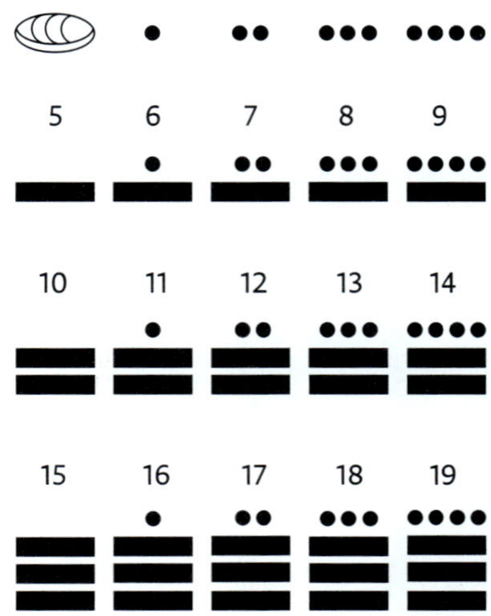

PASSO 1

Completa la tabella inserendo accanto a ogni numero la corrispondente scrittura con i numeri Maya.

1		45		220		400		421		600	
22		100		240		401		500		700	
40		200		250		420		520		800	

PASSO 2

Rifletti Probabilmente il nostro uso del sistema decimale deriva dall'abitudine a contare con le dita della mani (che sono 10). Secondo te, come mai i Maya usavano un sistema in base 20?

....

....

....

2 Collezioni di dadi

START

Procurati dei cubetti di legno, dei dadi o dei quadratini di carta.
Osserva Sara e Luigi collezionano dadi a sei facce. Sara ha 18 dadi mentre Luigi ne ha 15. Sara allinea i suoi dadi a due a due come mostrato in figura.

PASSO 1

Luigi vuole allineare i propri dadi nello stesso modo, inizia quindi a disporli a coppie. **Prova** a farlo anche tu utilizzando dei dadi o dei quadratini di carta.
Rifletti Riesci a mettere i dadi a coppie? Perché?

……………………………………………………………………………………………

……………………………………………………………………………………………

……………………………………………………………………………………………

Per quale motivo Sara ci riesce?

……………………………………………………………………………………………

……………………………………………………………………………………………

……………………………………………………………………………………………

Di quanti dadi avrebbe bisogno Luigi per riuscire a disporli a coppie così come ha fatto Sara?

……………………………………………………………………………………………

……………………………………………………………………………………………

……………………………………………………………………………………………

PASSO 2

Rifletti su quello che è successo con i dadi di Sara e di Luigi e **completa** le seguenti frasi.
Quando si ha un numero …………… di oggetti allora si possono dividere gli oggetti in coppie.
Quando invece il numero di oggetti è dispari, si dividono in coppie ma alla fine rimane sempre

……………………………………………………………………………………………

……………………………………………………………………………………………

3 La semiretta dei numeri

START

Procurati carta e penna.

Osserva Il Professor Rossi ha chiesto a ognuno dei suoi alunni di disegnare sul proprio quaderno una semiretta orientata dei numeri. Su questa semiretta ognuno deve segnare, con una crocetta, la posizione del numero 1,25. Cristiano e Rossella sono compagni di banco, ciascuno di loro disegna la propria semiretta e mette la crocetta. Quando i due ragazzi confrontano i loro lavori si rendono conto che non sono uguali.

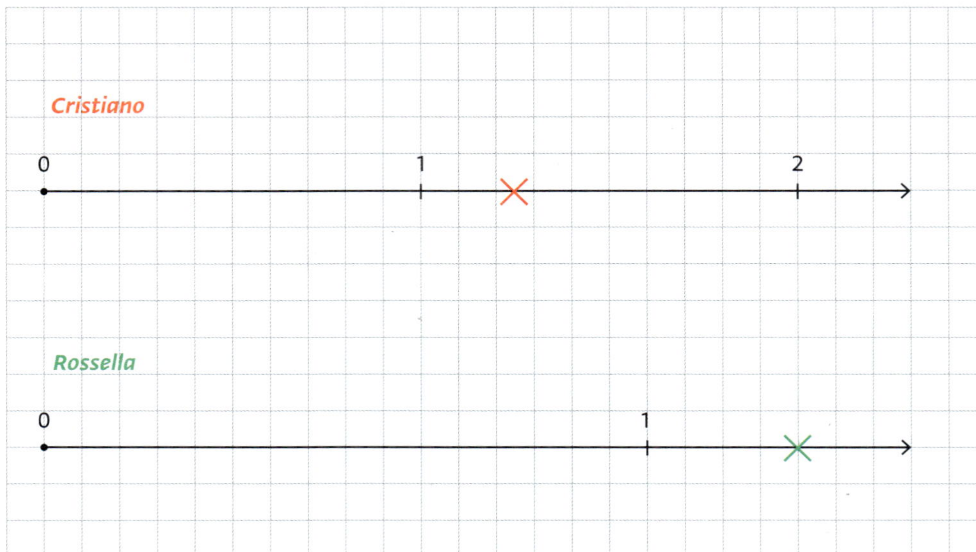

PASSO 1

Rifletti Quale dei due ragazzi ha sbagliato? Perché?

PASSO 2

Disegna sulla quadrettatura una semiretta orientata dei numeri che sia diversa da quelle di Cristiano e Rossella e su questa segna con una crocetta la posizione del numero 1,25.

4 Indovina il numero

START

Procurati un evidenziatore o dei pennarelli colorati.
Leggi il seguente brano.
"Luca ha pensato a un numero naturale e dà alcuni indizi per permetterti di indovinarlo:
→ si tratta di un numero minore di 10;
→ il numero è maggiore di 4;
→ si tratta di un numero pari."

PASSO 1

Si può usare la semiretta orientata dei numeri per indovinare il numero pensato da Luca.

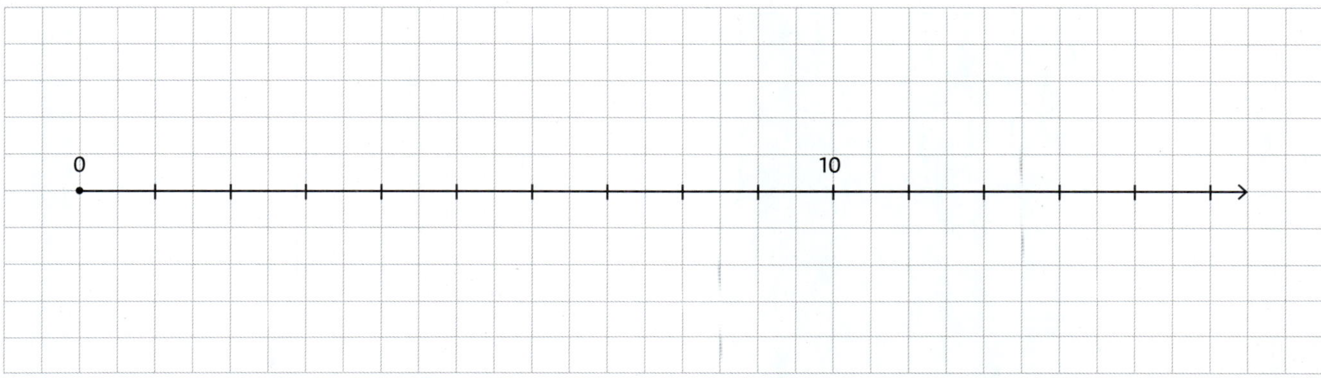

Evidenzia con un evidenziatore o un pennarello la parte di semiretta in cui si trovano i numeri minori di 10.
Evidenzia con un altro colore la parte di semiretta che corrisponde ai numeri maggiori di 4.
Il numero misterioso si trova nella parte evidenziata con entrambi i colori: **cancella** i numeri dispari che si trovano in questa parte di semiretta.

PASSO 2

Rifletti Sei riuscito a scoprire qual è il numero pensato da Luca?

....

Se sì, qual è?

....

Se no, perché non sei riuscito a indovinare il numero?

....

Come si potrebbe risolvere il problema?

....

....

5 Chi è il maggiore?

START

Procurati carta e penna.
Marcello deve risolvere il seguente esercizio.
"Inserisci fra i seguenti numeri il segno <, = o >.   0,4 .... 0,16"

PASSO 1

Osserva Marcello per aiutarsi a risolvere l'esercizio decide di utilizzare dei disegni.
Rappresenta l'**unità** con un quadrato.
Pensa che il primo numero sia composto da **quattro decimi**, mentre il secondo numero è composto da **un decimo** e **sei centesimi**. Decide quindi di rappresentare i numeri con le seguenti figure.

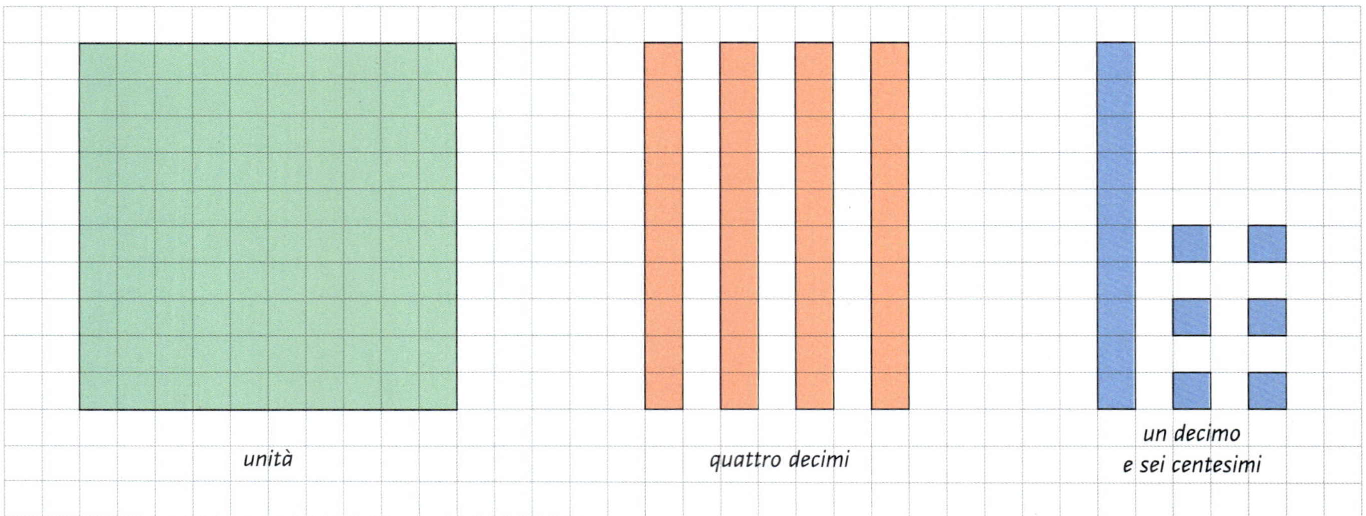

Rifletti Che simbolo dovrà mettere Marcello nella soluzione dell'esercizio? ....

PASSO 2

Rifletti L'esercizio successivo sul libro di Marcello chiede di confrontare il numero 0,8 con 0,55. Come potrebbe disegnare questi due numeri per capire quale dei due è il maggiore?

Esercizi di consolidamento

1 **SFIDA** Completa la tabella scrivendo la corrispondente scrittura con i numeri Maya.

4		20		40		119		200		333	
10		25		60		120		300		401	

2 Esegui la seguente operazione fra numeri Maya.

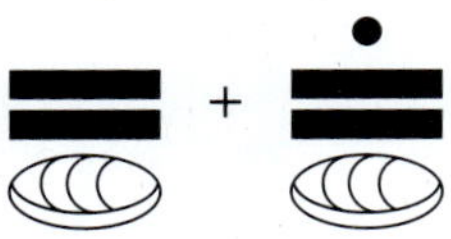

Che risultato hai ottenuto? Spiega il procedimento che hai seguito per arrivare al risultato.

....

....

3 La maestra ha dato a un bambino della scuola primaria il compito di scrivere "pari" o "dispari" sotto a ciascuno dei seguenti cerchi a seconda del numero di pallini in essi contenuti.

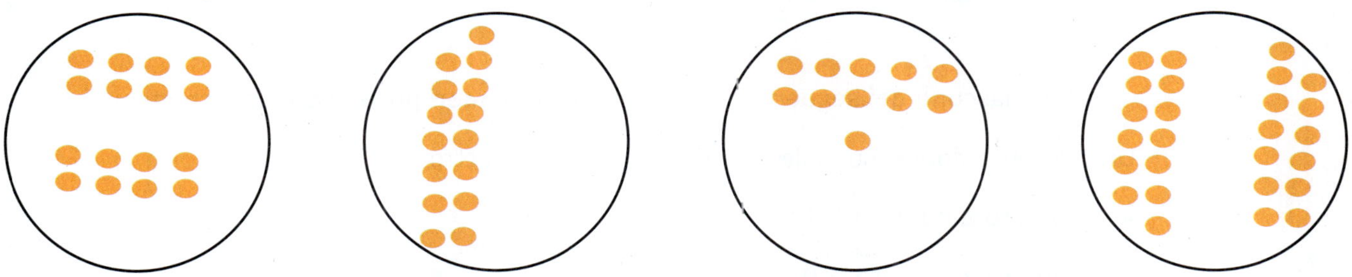

a. Spiega al bambino quale potrebbe essere un trucco per svolgere correttamente l'esercizio senza dover contare tutti i pallini che sono contenuti nei cerchi.

....

b. Quale sarà la soluzione che il bambino ottiene con il tuo trucco?

Sotto il primo cerchio scriverà ....

Sotto il secondo cerchio scriverà ....

Sotto il terzo cerchio scriverà ....

Sotto l'ultimo cerchio scriverà ....

4 Flavio dice "qualsiasi numero pari è sempre il doppio di un numero dispari".
Sei d'accordo con Flavio? Giustifica la tua risposta.

....

....

5 Vero o falso? Per ciascuna delle seguenti affermazioni rispondi e giustifica la risposta.

a. La somma di due numeri pari è sempre un numero pari. (V) (F)

Perché ....

b. La somma di due numeri dispari è sempre un numero dispari. (V) (F)

Perché ....

c. La somma di un pari con un dispari è sempre un numero dispari. (V) (F)

Perché ....

....

d. La somma di un dispari con un pari è sempre un numero pari. (V) (F)

Perché ....

6 Sulla seguente semiretta orientata dei numeri indica con una crocetta due numeri decimali di cui è facile trovare la posizione e due numeri di cui è difficile trovarla.

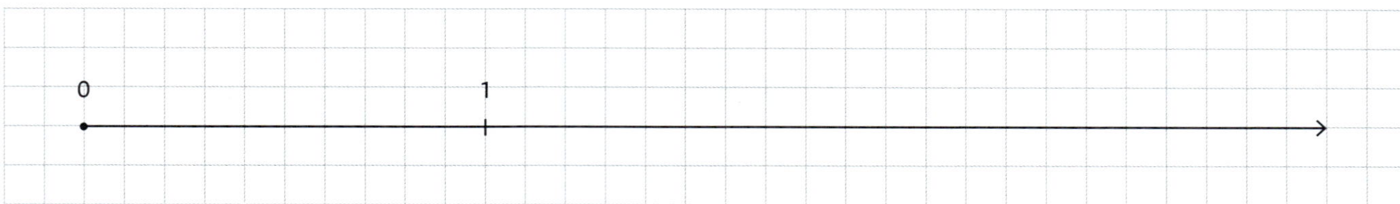

Scrivi quali sono i due numeri difficili che hai scelto e perché sono difficili.

....

....

7 **SFIDA** Per ciascuno dei seguenti indizi scrivi quali numeri potrebbero corrispondergli.

a. Un numero minore o uguale a sei e maggiore di quattro ....

b. $4 <$ numero e numero > 1 ....

c. $3 <$ numero e numero > 0 ....

d. $12 <$ numero < 14 ....

e. $3 <$ numero < 5 ....

f. $9 <$ numero < 10 ....

8 Scrivi un indovinello come quello di Luca nella Scheda 4. Fai in modo che la soluzione sia unica. Potresti iniziare così: Sto pensando a un numero naturale che è maggiore di ...

....

....

Unità 4 LE QUATTRO OPERAZIONI

SCHEDE

1 Problemi fratelli

START

Procurati carta e penna.
Considera il seguente problema:
"Filippo colleziona soldatini di piombo. Possiede **19** soldatini ancora da colorare e **21** soldatini già colorati. Quanti soldatini possiede Filippo complessivamente?"

PASSO 1

Osserva Il problema proposto può essere schematizzato come segue.

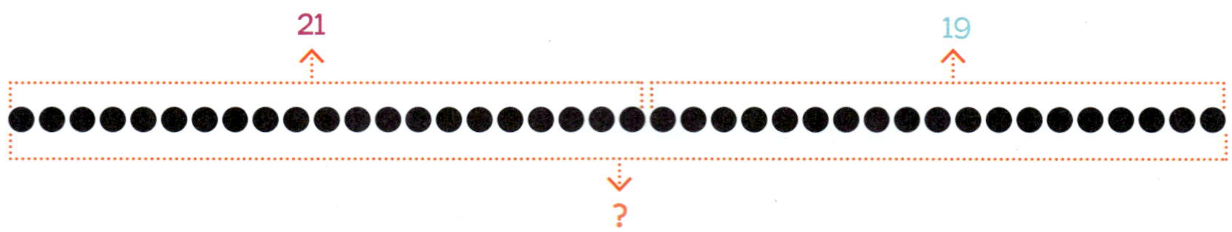

Contando i pallini vediamo che il numero cercato è ....

PASSO 2

Rifletti Questo problema ha due problemi fratelli, cioè due problemi che contengono il risultato di questo problema come dato e richiedono di trovare uno dei dati già contenuti nel primo problema.
In pratica puoi ottenere i problemi fratelli inserendo il risultato al posto del punto di domanda nel disegno e mettendo il punto di domanda al posto di un altro numero.
Per esempio un problema fratello potrebbe essere:
"Filippo colleziona soldatini di piombo. Possiede complessivamente **40** soldatini e ne ha già colorati **21**. Quanti soldatini deve ancora colorare Filippo?"
Scrivi tu l'altro problema fratello:
"Filippo colleziona soldatini di piombo. Possiede ....

....

....

PASSO 3

Rifletti Ciascuno dei due problemi fratelli può essere risolto facilmente con un'unica operazione. Di che tipo di operazione si tratta?

....

....

Che relazione esiste fra l'operazione che risolve il primo problema e l'operazione che risolve i suoi problemi fratelli?

....

....

2 Operazioni rettangolari

START

Procurati matita, penna e righello.

Considera la moltiplicazione **4** × **5**. Questa moltiplicazione può essere rappresentata come cinque gruppi di quattro oggetti.

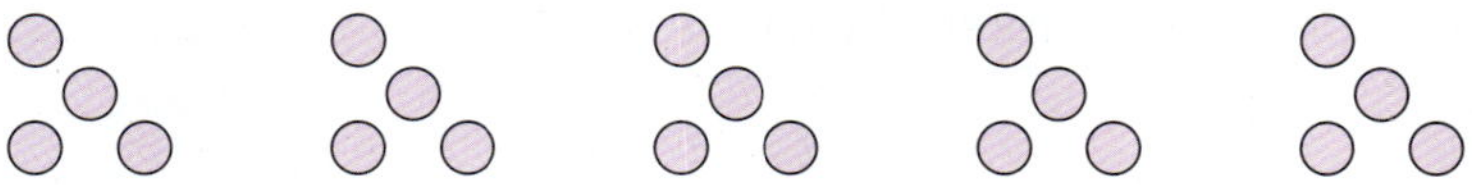

La stessa moltiplicazione può anche essere rappresentata come uno schieramento di oggetti. Per esempio se si considera uno schieramento di quattro righe di cinque quadretti ciascuno si ottiene il seguente rettangolo.

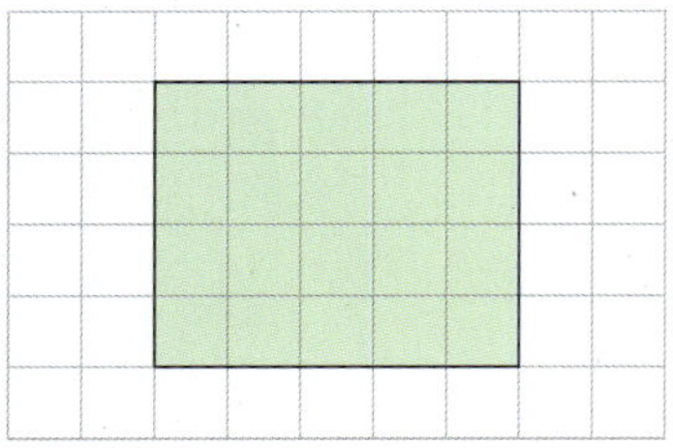

PASSO 1

Rappresenta con un rettangolo le moltiplicazioni 3 × 7 e 2 × 6.

PASSO 2

Questo tipo di rettangoli può essere utile anche per scoprire il risultato di una divisione. Per esempio se si vuole calcolare 48 : 6 basterà disporre 48 quadratini in file da 6 e poi contare quante file si sono ottenute alla fine. **Rappresenta** in questo modo la divisione 56 : 7.

SCHEDA

3 Rettangoli mobili

START

Procurati carta e matita.
Nella precedente scheda abbiamo rappresentato le moltiplicazioni e le divisioni con i rettangoli.
Considera adesso il rettangolo che rappresenta la moltiplicazione 5 × 3.

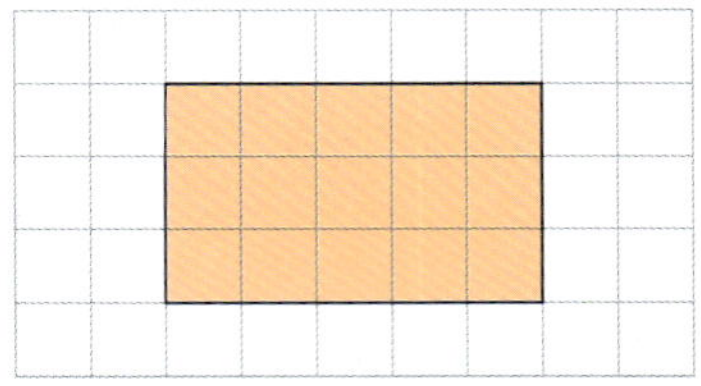

PASSO 1

Osserva Se ruoti il rettangolo in modo che il lato verticale diventi orizzontale, che rettangolo ottieni?
Disegna il rettangolo che ottieni.

Rifletti Il numero di quadretti dentro al rettangolo è cambiato?

....

Quale moltiplicazione rappresenta questo rettangolo?

....

Che cosa è cambiato rispetto alla moltiplicazione precedente?

....

PASSO 2

Se n è il numero che corrisponde alla misura della base del rettangolo ed m il numero che corrisponde alla misura dell'altezza, allora il numero di quadratini che si trovano all'interno del rettangolo si ottiene eseguendo la moltiplicazione n × ....
Quando il rettangolo viene ruotato, allora n diventa la misura della .... mentre m diventa la misura della ....
Quindi il numero di quadratini dentro il rettangolo girato si ottiene calcolando il prodotto m × ....
Dato che il numero dei quadratini non cambia, le due moltiplicazioni danno lo stesso risultato e quindi

.... × .... = ... × ....

4 Rettangoli appiccicosi

START

Procurati carta e matita.
Segui le istruzioni riportate nei seguenti passi. Se vuoi puoi svolgere concretamente le operazioni richieste usando dei rettangoli di cartoncino e del nastro adesivo.

PASSO 1

Disegna due rettangoli a piacere che abbiano la stessa altezza.
Scrivi sotto a ciascun rettangolo la moltiplicazione che lo rappresenta.

Immagina ora di attaccare i due rettangoli lungo un lato di lunghezza comune. In questo modo ottieni un unico rettangolo che ha la stessa altezza dei due di partenza. **Disegna** il rettangolo che ottieni.

Rifletti Quanto è lunga la base di questo rettangolo?

....

Che relazione esiste fra la base di questo rettangolo e quelle dei rettangoli precedenti?

....

PASSO 2

Se a è il numero che rappresenta la misura dell'altezza del primo dei rettangoli iniziali mentre b rappresenta le misura della base, allora il numero di quadratini che si trovano all'interno del rettangolo si ottiene calcolando il prodotto $b \times$ ....
Se invece l'altro rettangolo ha la base che misura c, il numero di quadratini al suo interno è dato dal prodotto $c \times$ ....
Se si considera il rettangolo ottenuto «appiccicando» i due rettangoli di partenza, la lunghezza della sua base si può ottenere calcolando la somma .... + ...
Quindi il numero di quadratini contenuti in questo rettangolo si ottiene calcolando (.......... + ...) $\times a$.
Ma il numero di quadratini contenuti nel rettangolo finale è anche uguale alla somma dei quadratini contenuti nei due rettangoli iniziali, cioè $b \times a + c \times$ ....
Quindi, le due espressioni devono dare lo stesso risultato e cioè

.... × .... + ... × .... = (.......... + ...) × ....

5 Moltiplicazioni esotiche

START

Procurati carta e penna.
Leggi il seguente brano.
"Nel 1202, il matematico pisano Leonardo Fibonacci, di ritorno dai suoi viaggi nel Nord Africa, scrisse un libro dal titolo *Liber Abbaci*. In questo libro raccolse, fra le altre cose, molti metodi per eseguire le quattro operazioni."
Quello che vedi di lato è uno dei metodi che Fibonacci riportò per il calcolo della moltiplicazione.

$234 \times 533 = 124\,722$

Questa tecnica di calcolo è detta "Moltiplicazione per gelosia".

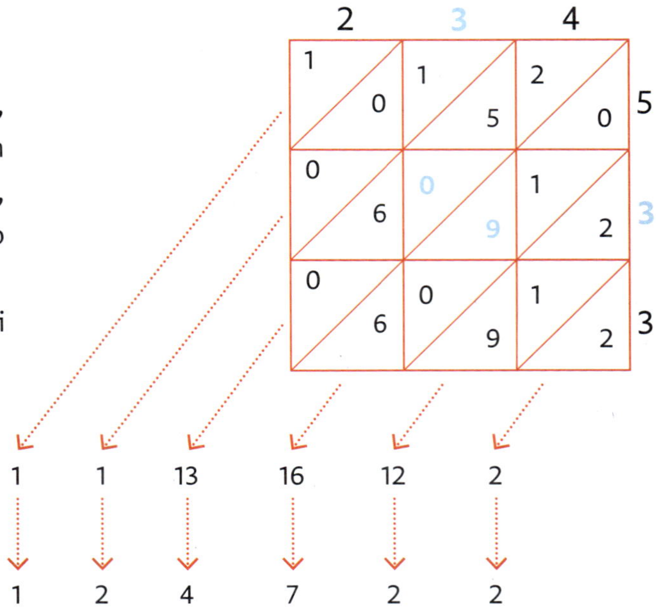

PASSO 1

Rifletti Riesci a spiegare in che modo funziona questo metodo per calcolare le moltiplicazioni?

...

PASSO 2

Prova a utilizzare lo stesso metodo per **calcolare** le moltiplicazioni 123 × 405 e 202 × 621.

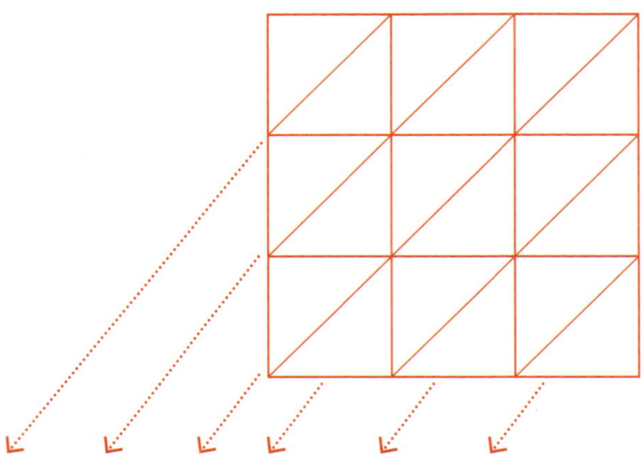

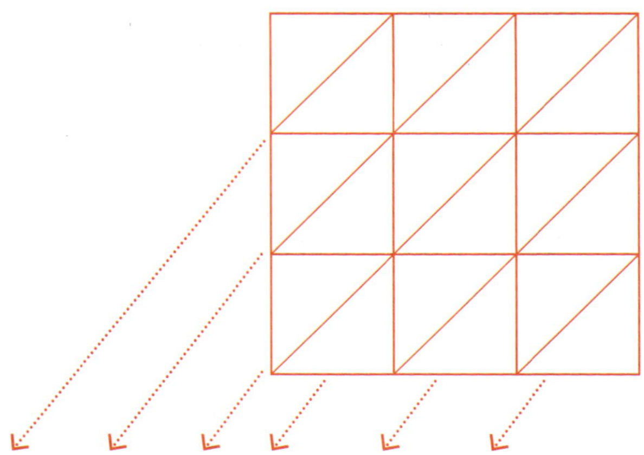

6 Il Gioco dell'uguale/1

START

Procurati carta e forbici.
Leggi il seguente brano.
"Maurizio, Sonia e Fulvia sono saliti nella soffitta del nonno e hanno trovato la scatola di un gioco il cui nome è *Gioco dell'uguale*. Nella scatola non ci sono le istruzioni ma c'è una plancia di gioco, costituita da un foglio su cui sono disegnati due rettangoli con dimensioni 5 cm × 10 cm, separati da un simbolo di uguaglianza. Ci sono poi delle carte di forma rettangolare con dimensioni 5 cm × 10 cm."

PASSO 1

Osserva Nella seguente immagine è rappresentata la plancia di gioco rimpicciolita; **disegna** su un foglio la plancia di gioco con le dimensioni corrette.

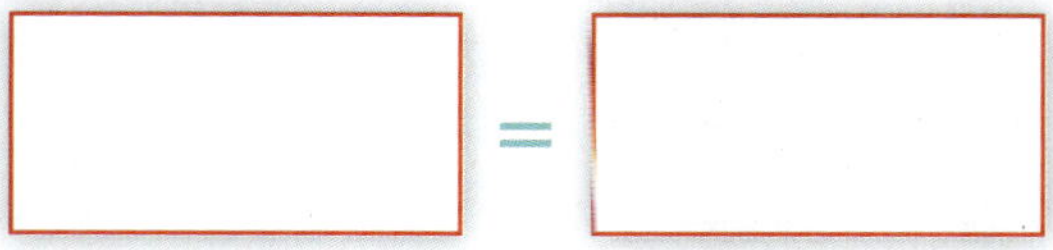

Osserva Nella seguente immagine sono rappresentati degli esempi di carte da gioco. **Ritaglia** dei rettangoli di carta con le dimensioni corrette, **ricopia** queste carte da gioco e **inventane** di nuove.

3	6 : 2	3	5

Purtroppo neanche il nonno ricorda le regole esatte di questo gioco però sa che funzionava così: un giocatore mette una carta sul primo rettangolo. Un secondo giocatore mette un'altra carta sull'altro rettangolo, a questo punto si controlla chi ha vinto.

PASSO 2

Rifletti Quello che non è noto è come fare a stabilire chi fra i due giocatori abbia vinto o si aggiudichi un punto.
Inventa le regole del gioco completando le seguenti frasi e, se serve, aggiungi altre regole.

1. Se il primo giocatore ha messo sul primo rettangolo un numero, allora il secondo giocatore vince se mette sul secondo rettangolo ....
....
....
....

2. Se il primo giocatore ha messo sul primo rettangolo un'operazione, allora il secondo giocatore vince se mette sul secondo rettangolo ....
....
....

7 Il Gioco dell'uguale/2

START

Procurati carta e penna.
Leggi il seguente brano.
"Maurizio, Sonia e Fulvia hanno scoperto che sul retro della plancia del *Gioco dell'uguale* ce n'è disegnata una diversa, con tre rettangoli che hanno le stesse dimensioni delle carte utilizzate finora."

☐ = ☐ = ☐

PASSO 1

Disegna su un foglio di carta la nuova plancia di gioco con le dimensioni opportune.

PASSO 2

Rifletti Anche in questo caso non si conoscono le regole del gioco. Quali potrebbero essere?

1. Se il primo giocatore ha messo su un rettangolo un numero o un'operazione, allora il secondo giocatore deve mettere su un altro rettangolo ....
....
2. A questo punto il terzo giocatore deve mettere sul rettangolo rimasto vuoto ....
....
3. Se un giocatore non riesce a posizionare una carta corretta allora ....
....
4. Vince il gioco il giocatore che ....
....

PASSO 3

Adesso che hai inventato le regole, **sfida** i tuoi compagni di classe a giocare con te al *Gioco dell'uguale*.

8 Gara di calcolo

START

Procurati carta e penna.
Leggi il seguente brano.
"Marco e Francesca si sfidano in una gara di calcolo. Prendono un elenco di operazioni e le svolgono cronometrando il tempo impiegato; la regola concordata tra i due amici è quella di annotare la strategia di calcolo adottata."

PASSO 1

Sfida un tuo compagno al gioco inventato da Marco e Francesca e **completa** la tabella inserendo, per ciascun calcolo, i metodi che sono stati utilizzati da te o dai tuoi compagni per determinare il risultato il più velocemente possibile.

Operazione	Strategia
23 + 17	
14 + 36	
19 + 21	
47 – 22	
51 – 16	
13 × 5	
24 × 6	
6 × 2 × 5	
2 × 7 × 3	
450 : 90	
60 : 15	
49 × 5	
19 × 6	

Esercizi di consolidamento

1 Completa la tabella inserendo nelle due caselle vuote i problemi fratelli del problema nella prima casella.

	Problema Fratello 1	Problema Fratello 2
Giulia ha comprato un mazzo con 14 rose e 28 tulipani. Quanti fiori ha comprato Giulia in tutto?		
Francesco nell'ultimo mese ha risparmiato 20 euro. Oggi ha comprato un fumetto che costa 5 euro. A quanto ammontano ora i suoi risparmi?		
Nel magazzino di un negozio ci sono 20 materassi a molle e 33 materassi imbottiti. Quanti materassi ci sono in tutto nel magazzino?		

2 Immagina di dover spiegare a un bambino della scuola primaria che $7 \times 4 = 4 \times 7$. Come faresti?

....

....

....

3 Immagina di rappresentare ciascuna delle seguenti coppie di moltiplicazioni con dei rettangoli. Scrivi per ciascuna coppia la moltiplicazione corrispondente al rettangolo che otterresti unendo i due di partenza.

a. 4×3 e 6×3 ....

b. 5×8 e 5×4 ....

c. 10×6 e 3×6 ....

d. 20×4 e 9×4 ....

e. 13×2 e 13×3 ....

f. 9×20 e 10×20 ....

4 Immagina di rappresentare ciascuna delle seguenti moltiplicazioni con un rettangolo. Immagina poi di tagliare quel rettangolo in due parti (non necessariamente uguali). Scrivi, per ciascuna moltiplicazione, le moltiplicazioni corrispondenti ai due rettangoli ottenuti con questo taglio.

a. 23 × 4 ....

b. 15 × 9 ....

c. 8 × 21 ....

d. 4 × 6 ....

e. 39 × 42 ....

5 Svolgi le seguenti moltiplicazioni con il metodo per gelosia di Fibonacci e scrivi i risultati.

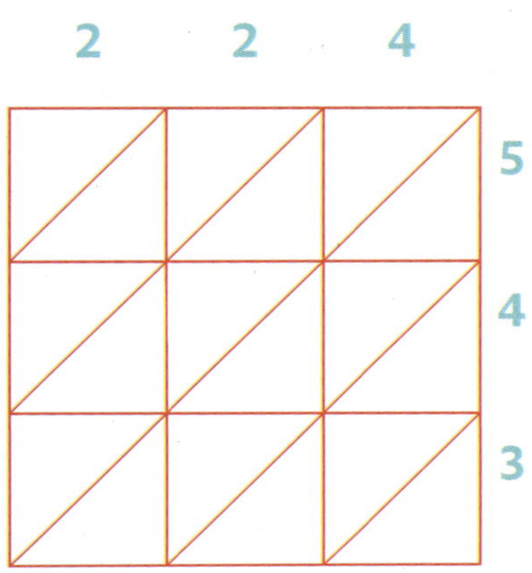

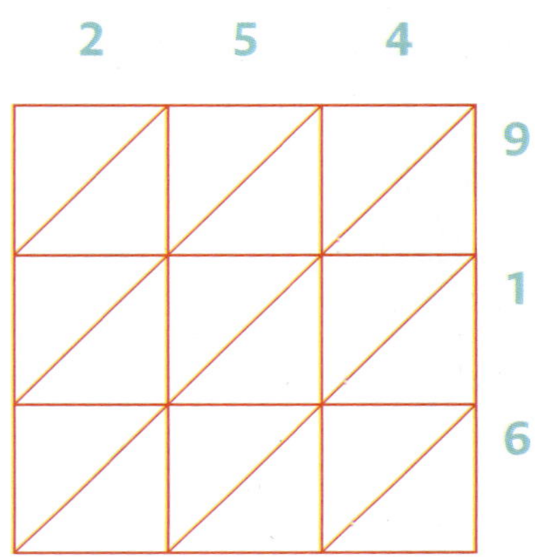

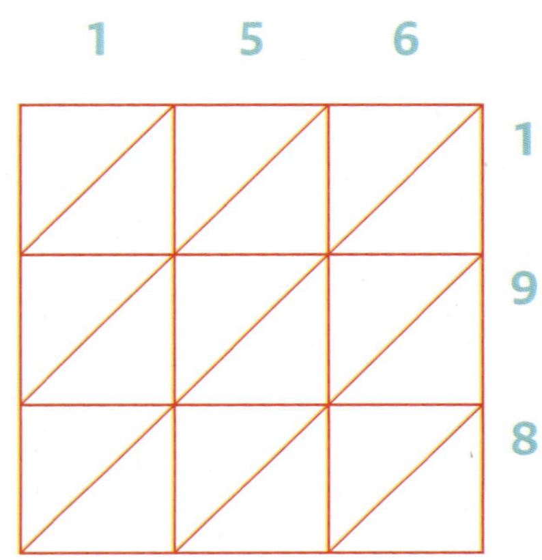

224 × 543 = ...

254 × 916 = ...

156 × 198 = ...

6 Sofia e Riccardo stanno giocando al *Gioco dell'uguale*. Nella prima casella è disegnata la carta che Sofia ha messo sulla plancia, a destra sono rappresentate le carte che Riccardo ha in mano. Indica le carte che Riccardo può mettere sulla plancia per vincere.

4 + 3	=	....

5 + 4	7 + 0	2 + 5

7 Le seguenti immagini rappresentano alcune partite del *Gioco dell'uguale*. Per ciascuna indica se ha vinto il giocatore che ha messo la prima carta (quella a sinistra) o il giocatore che ha messo la seconda carta (quella di destra).

14 + 36	=	24 + 26

$1 + 6 \times 7$	=	7×7
25	=	$73 - 48$

8 Le seguenti immagini rappresentano alcune partite del *Gioco dell'uguale* con tre giocatori. Per ciascuna indica se ha vinto il giocatore che ha messo la prima, la seconda o la terza carta.

$19 - 12$	=	$7 + 4$	=	$3 + 2 + 1$
$15 : 3$	=	$5 + 2 \times 4$	=	13
$2 \times 2 + 3 \times 3$	=	$4 + 5 + 4$	=	$2^3 + 5$

9 **SFIDA** Completa le seguenti uguaglianze.

a. $7 \times 4 =$ .... $\times 7$

b. $3 \times (4 + 5) = 3 \times$ .... $+ 3 \times$ ....

c. $4 + 5 + 6 = 3 + 4 +$ ....

d. $55 + 31 = 52 +$ ....

e. $7 \times 3 + 2 =$ .... $+ 3$

f. .... $+ 77 = 73 +$ ....

g. $13 + 2 =$ .... $+$ .... $= 15$

h. $18 : 3 = 2 \times$ .... $=$ .... $-$ ....

i. $13 - (4 + 3 \times 3) =$ .... $= 18 -$ ....

j. $16 \times (4 -$ .... $) = 22 - 16 - 6 = 4 +$ .... $- 7 \times 2$

10 Completa la tabella scrivendo, per ciascuna operazione, la strategia, a tuo parere, più semplice per calcolare a mente il risultato.

Operazione	Strategia
14×19	
25×16	
$150 : 30$	
$37 + 43$	
$75 - 25$	

Unità 5 RISOLVERE PROBLEMI

SCHEDE

1 Dal problema allo scheletro

START

Procurati carta e penna.
Considera il seguente problema.
“Laura ha invitato 63 persone al suo matrimonio. Per il ricevimento sono stati predisposti 9 grandi tavoli circolari. Laura desidera che a ogni tavolo sia seduto lo stesso numero di persone. Quante persone dovrà far sedere a ogni tavolo?”

PASSO 1

Rifletti Questo problema racconta di un bell’evento per Laura, se andiamo però a vedere soltanto quali sono le relazioni fra le quantità in gioco (il numero di invitati, il numero dei tavoli, il numero di posti a sedere), queste possono essere rappresentate da una unica operazione.

63 : 9 = ? che possiamo anche rappresentare con questo diagramma:

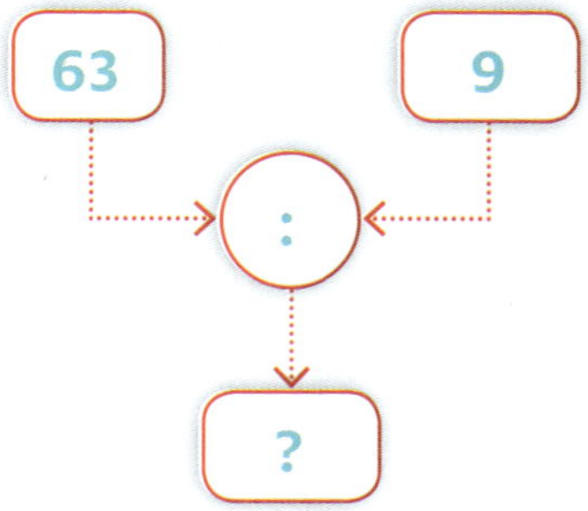

oppure

9 × ? = 63 che possiamo anche rappresentare con questo diagramma:

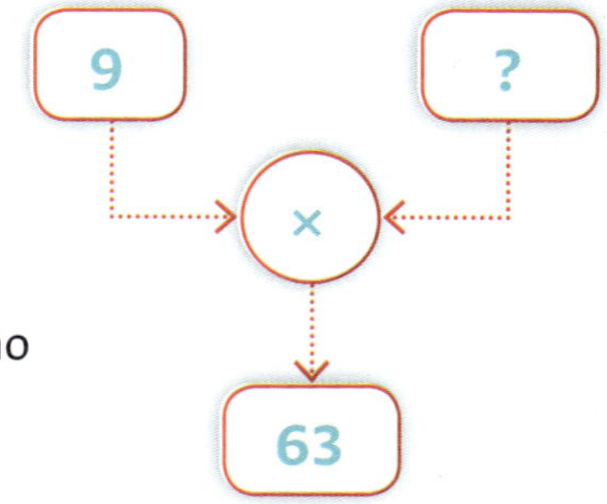

Praticamente abbiamo “spogliato” le relazioni numeriche dalla storia e abbiamo rappresentato lo **scheletro** del problema.

PASSO 2

Considera adesso questo problema.
“Francesca ha quasi completato l’album di figurine delle più famose squadre di pallacanestro. L’album è composto per metà da figurine di squadre italiane e per metà da figurine di squadre straniere, per un totale di 120 figurine da inserire. Francesca ha attaccato 46 figurine di squadre straniere, quante figurine di squadre straniere le mancano ancora?”

Rappresenta lo scheletro di questo problema utilizzando un’espressione o un diagramma a piacere.

....

....

....

....

....

2 Dallo scheletro al problema

START

Procurati carta e penna.

Considera tre diverse rappresentazioni dello scheletro di uno stesso problema.

$78 : 3 = ?$

$? \times 2 = ?$

$? - 22 = ?$

$78 : 3 \times 2 - 22 = ?$

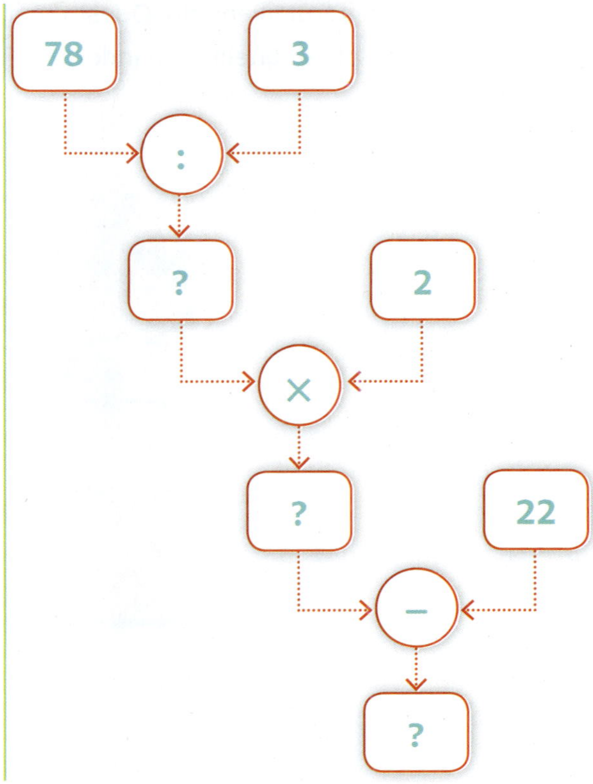

PASSO 1

Rifletti Quale dei tre modi di rappresentare lo scheletro è più chiaro per te? Giustifica la risposta.

....

....

....

....

PASSO 2

Inventa il testo di un problema che abbia come scheletro quello rappresentato. **Scrivi** la storia e poi la soluzione del problema.

....

....

....

....

....

3 La frutta di Giuseppe/1

START

Procurati carta e penna.

Considera il seguente problema.

"Giuseppe fa il fruttivendolo. Questa mattina ha comprato 50 kg di frutta fra noci e mandorle. I kilogrammi di noci sono più di quelli di mandorle".

PASSO 1

Rifletti Se conoscessi quanti kilogrammi di noci ci sono in più rispetto a quelli di mandorle (cioè la differenza fra noci e mandorle), come potresti scoprire quanti kilogrammi di noci e quanti kilogrammi di mandorle ha comprato Giuseppe?

Spiega il procedimento che seguiresti. Se necessario aiutati con una rappresentazione.

PASSO 2

Rappresenta come preferisci lo scheletro di questo problema evidenziando il numero che indica la differenza fra noci e mandorle, con un simbolo (Δ).

4 La frutta di Giuseppe/2

START

Procurati carta e penna.

Considera nuovamente il problema di Giuseppe della scheda precedente.

Osserva la rappresentazione a barre dello scheletro del problema.

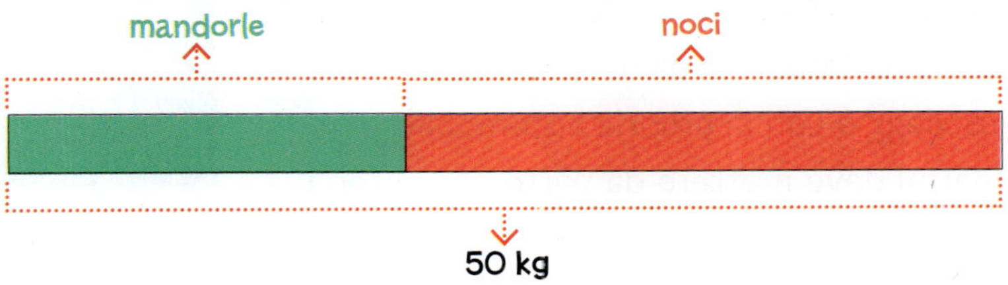

Allineiamo sotto questa rappresentazione due barre uguali a quella che corrisponde alle **mandorle**.

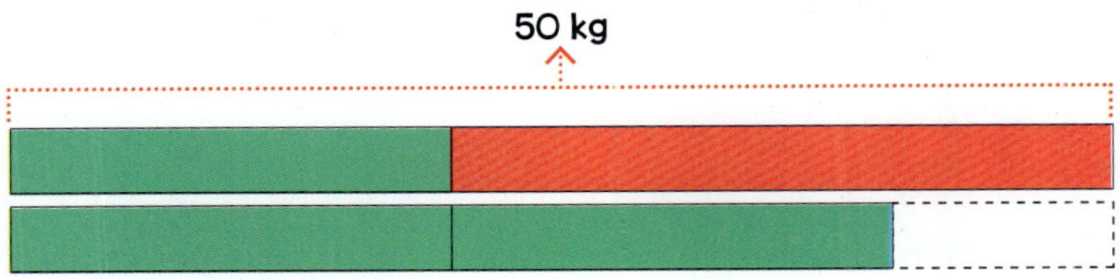

Dato che i kilogrammi di **mandorle** sono meno di quelli di **noci**, le due barre verdi insieme sono più corte rispetto alle due barre allineate sopra. Il pezzetto che manca (indicato con la linea tratteggiata) corrisponde alla differenza fra **noci** e **mandorle** (rappresenta quanto la sbarretta verde è più corta rispetto a quella rossa). Nella scheda precedente avevamo indicato questa differenza con il simbolo Δ. Diamo a questo simbolo un valore, per esempio stabiliamo che la differenza fra **noci** e **mandorle** vale 10 kg.

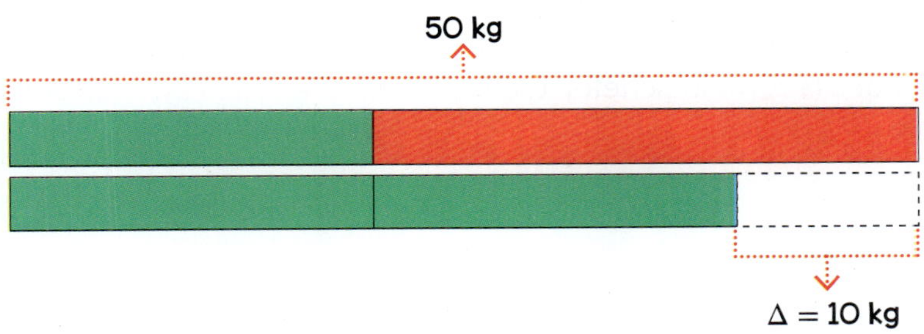

PASSO 1

Rifletti Quanti kilogrammi di **mandorle** e quanti kilogrammi di **noci** ha comprato Giuseppe?

....

PASSO 2

Rifletti Questo procedimento è simile a quello che avevi utilizzato nella scheda precedente?

....

....

5 Da Milano ad Agrigento

START

Procurati carta, penna e un computer con la connessione a Internet.
Considera il seguente problema.
"Sabrina abita a Milano. Ha deciso che la prossima estate andrà a visitare i templi di Agrigento e vuole fare l'intero viaggio con la propria automobile.
Quanti risparmi deve mettere da parte per potersi permettere questo viaggio?"

PASSO 1

Raccogli, utilizzando Internet, le informazioni necessarie per risolvere il problema di Sabrina.

Puoi utilizzare i siti dei rivenditori di automobili per scoprire quanto carburante consuma la sua auto.

PASSO 2

Scrivi un testo in cui sia descritto il problema di Sabrina insieme a tutte le informazioni necessarie per risolverlo. Poi **disegna** lo scheletro del problema e **determina** la soluzione.

Esercizi di consolidamento

1 Rappresenta lo scheletro di ciascuno dei seguenti problemi, poi risolvilo.

a. Elisabetta vuole comprare un nuovo clarinetto. Il modello che le piace costa 140 euro. Ogni settimana riceve dai suoi genitori 15 euro di paghetta. Finora ha risparmiato 75 euro. Quanti giorni dovrà aspettare prima di poter comprare il clarinetto?

b. Silvestro ha cominciato a riordinare la sua libreria di cinque ripiani. Ha deciso di mettere su alcuni ripiani tutti i 45 libri gialli che possiede, su ripiani diversi la sua collezione di 78 fumetti e ancora su altri ripiani i suoi 14 romanzi d'avventura. Se su ogni ripiano entrano al massimo 20 libri, riuscirà Silvestro a sistemare la libreria come vuole?

c. In una fabbrica di calzini vengono prodotti ogni giorno 2500 paia di calzini di lana e di 3600 paia di calzini di cotone. Grazie a un rinnovamento dei macchinari, la fabbrica riesce a raddoppiare la sua produzione. Quanti calzini produce adesso la fabbrica?

2 Per ciascuno dei seguenti scheletri inventa il testo di un problema.

a.

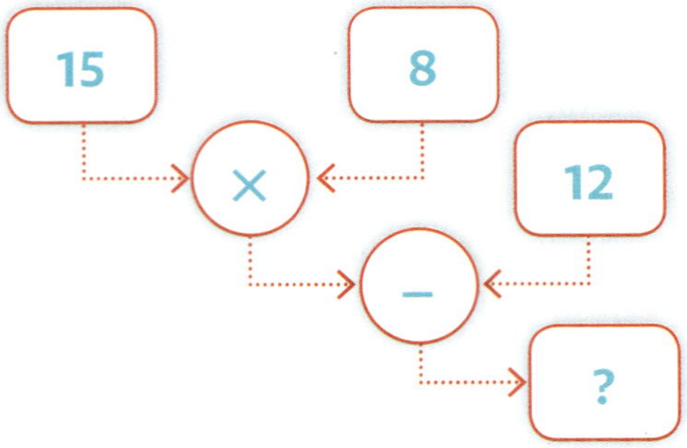

b.

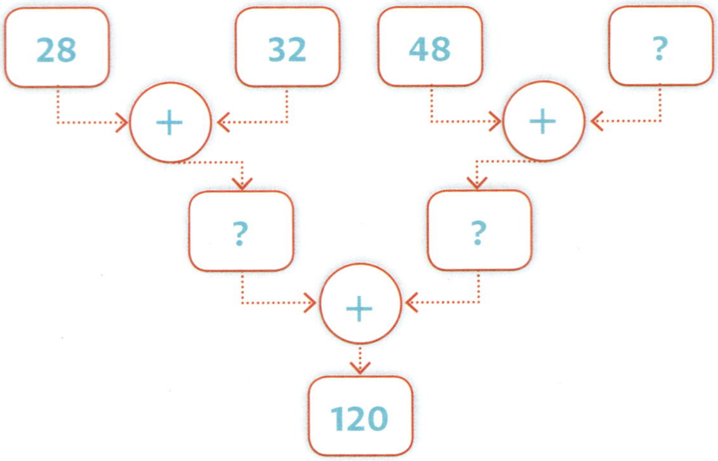

c.

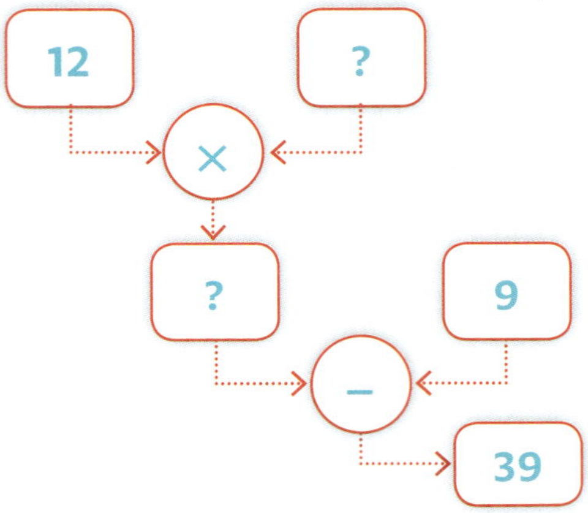

d.

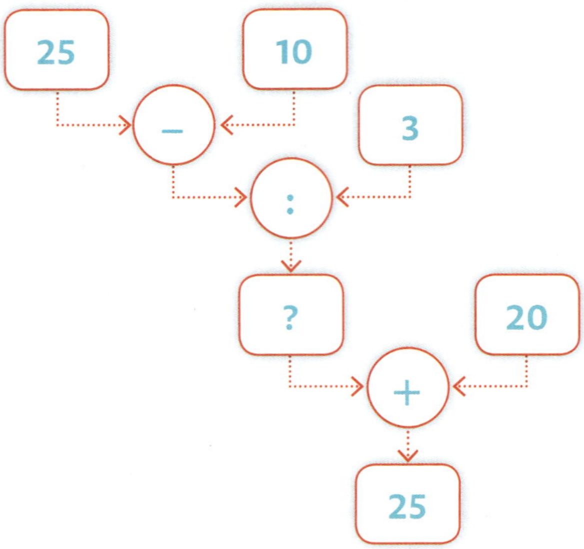

3 Trasforma ciascuno scheletro dei problemi dell'esercizio precedente in un'espressione.

....

....

....

....

4 Rappresenta ciascuno dei seguenti problemi usando le barre, eventualmente colorandole se lo ritieni opportuno. Poi risolvi il problema.

a. Lisa ha il triplo degli anni di Gianna. Se Lisa ha 12 anni in più di Gianna, quanti anni hanno Lisa e Gianna?

....

....

b. Francesco sale su una bilancia con lo zaino sulle spalle e la bilancia segna 55 kg. Poi Antonio sale sulla stessa bilancia con lo stesso zaino e la bilancia segna 78 kg, quando poi sale anche Francesco, la bilancia segna 121 kg. Quanto pesa lo zaino?

....

c. Maria e Ada vanno al bar e ordinano due cappuccini e un cornetto, spendono in tutto 5,50 euro. Ieri Ada era stata nello stesso bar da sola e per un cappuccino e un cornetto aveva speso 3,50 euro. Quanto costa un cornetto?

....

d. Sonia parla al telefono con la sua amica Caterina. Le racconta che sta osservando tre palazzi. Ciascun palazzo è un piano più alto del precedente. Tutti e tre insieme hanno 24 piani. Caterina può capire quanti piani ha ciascuno dei palazzi osservati da Sonia?

5 Osserva il labirinto e rispondi.

Il ragazzo riuscirà a uscire dal labirinto? Giustifica la tua risposta.

Unità 6 L'ELEVAMENTO A POTENZA

SCHEDE

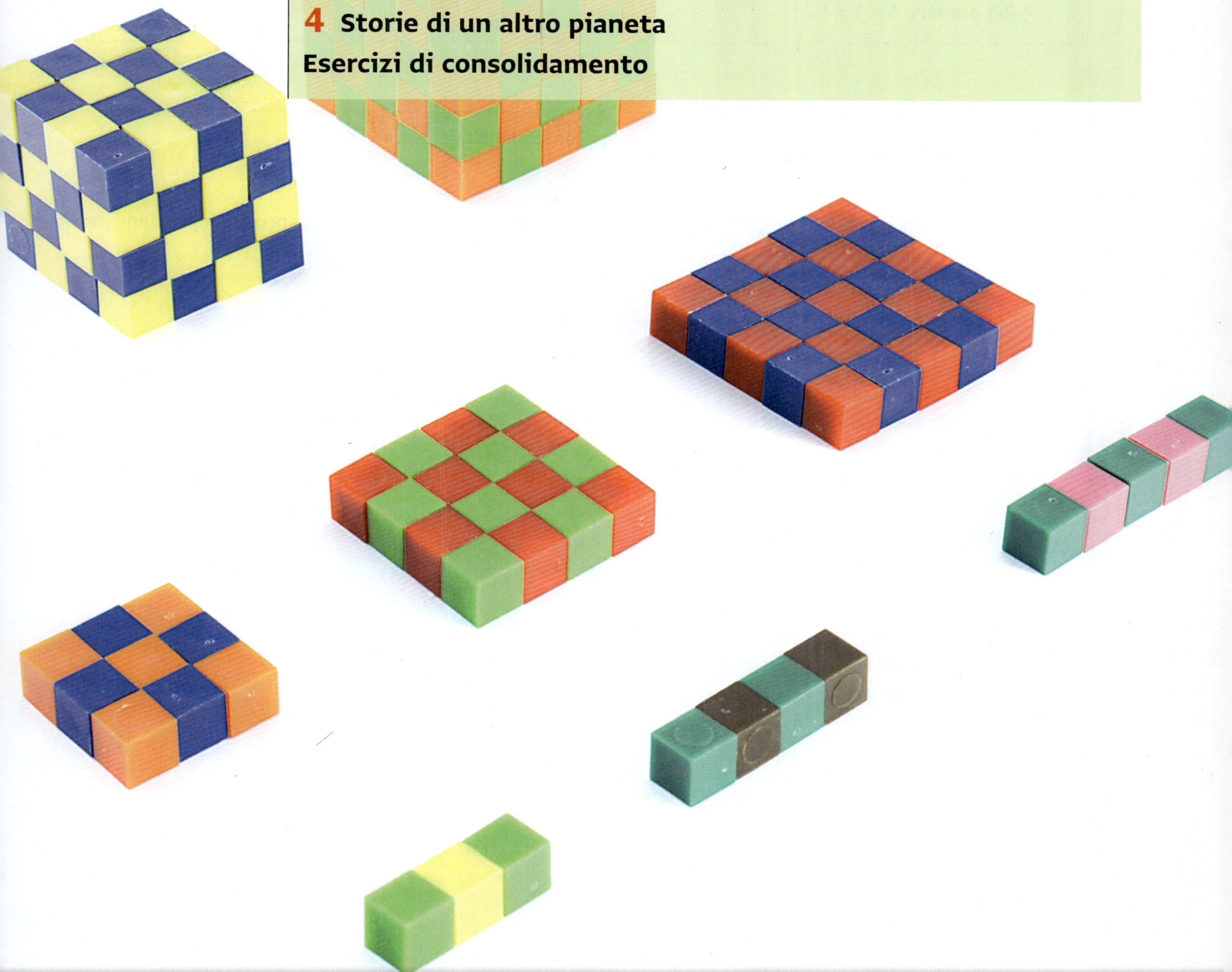

1 Potenze di 1

START

Procurati carta e penna.

Ti è stato insegnato che elevare un numero a una certa potenza significa calcolare un prodotto che ha tanti fattori uguali a quel numero quanti ne indica l'esponente.
Per esempio la potenza 4^5 è uguale a $4 \times 4 \times 4 \times 4 \times 4$.

Ti è stato anche insegnato che quando si moltiplica un numero per 1 allora il risultato è il numero stesso (1 è l'elemento neutro della moltiplicazione).
Per esempio $5 \times 1 = 5$.

PASSO 1

Osserva cosa succede quando si calcola una potenza che ha per base 1:

$1^4 = 1 \times 1 \times 1 \times 1$

Se svolgi il primo prodotto ottieni $1 \times 1 = 1$; se moltiplichi il risultato ottenuto ancora per 1 ottieni ancora 1. Se infine moltiplichi per l'ultimo 1 rimasto, il risultato è ancora 1.
Scrivi il risultato di questa serie di moltiplicazioni:

$1^4 = 1 \times 1 \times 1 \times 1 =$ ....

PASSO 2

Considera adesso il prodotto di due potenze di 1 e **completa** l'espressione.

$1^3 \times 1^5 = (1 \times 1 \times 1) \times (1 \times 1 \times 1 \times 1 \times 1) =$ .... $\times$ .... $=$ ....

PASSO 3

Rifletti C'è qualche differenza fra i risultati che hai ottenuto?

....

Riassumi quello che hai osservato fino a qui.
Quando si calcola una qualsiasi potenza di 1, si ottiene come risultato ....

PASSO 4

Rifletti Che cosa succede quando 1 viene usato come esponente?
Completa le seguenti uguaglianze e la frase conclusiva.

$10^1 =$ .... $1^1 =$ .... $0^1 =$ ....$^1 =$ ....

Quando un numero viene elevato a 1 il risultato è ....

2 Che cosa fare dello zero?

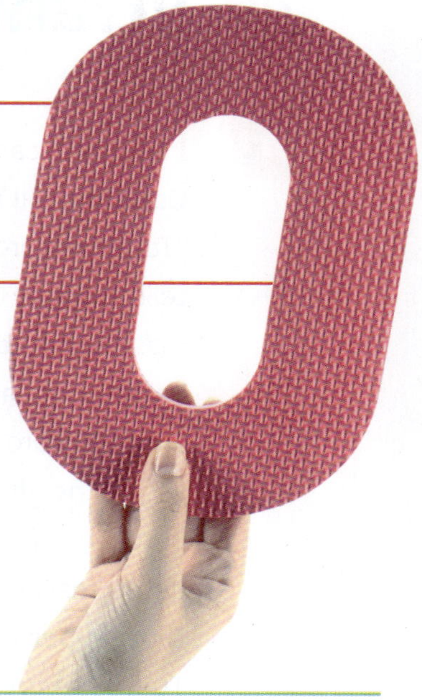

START

Procurati carta e penna.
Ti è stato insegnato che un numero moltiplicato per zero fa sempre zero (zero è l'elemento assorbente della moltiplicazione).

PASSO 1

Rifletti Che cosa succede quando si calcola una potenza di 0?
Per esempio, secondo te, che risultato si ottiene calcolando 0^5?

....

Discutine insieme ai tuoi compagni per arrivare a un'opinione comune.
Scrivi di seguito la regola che hai stabilito con i tuoi compagni.

....

....

....

....

PASSO 2

Rifletti Che cosa succede quando si calcola una potenza che ha per esponente 0?
Per esempio, secondo te, che risultato si ottiene calcolando 3^0?

....

Applicando le proprietà delle potenze, a quanto dovrebbe essere uguale $3^2 : 3^2$?

Discutine insieme ai tuoi compagni per arrivare a un'opinione comune.
Scrivi di seguito la regola che hai stabilito insieme ai tuoi compagni.

....

....

....

....

3 Strani prestiti

START

Procurati carta e penna.

Considera il seguente problema.

"Tommaso presta 10 000 euro a suo fratello Giorgio. Giorgio restituisce a Tommaso 100 euro dopo un mese.

Passato un altro mese gli restituisce altri 100 euro e dice di aver reso tutti i soldi che gli doveva. Tommaso sostiene che non sia vero e che il fratello gli debba restituire ancora molti altri soldi.

Giorgio per convincerlo gli spiega:

Tu mi hai prestato 10 000 euro, cioè 10^4 euro. Lo scorso mese ti ho restituito 100 euro, cioè 10^2 euro. Per vedere quanti soldi ti devo ancora rendere dobbiamo calcolare $10^4 - 10^2$, applicando le proprietà delle potenze hai che $10^4 - 10^2 = 10^{4-2} = 10^2$, cioè 100 euro."

PASSO 1

Rifletti Qualcosa non torna nei calcoli. Quanti sono i soldi che Giorgio deve ancora restituire a Tommaso?

PASSO 2

Rifletti Giorgio ha commesso un errore nei propri calcoli. Quale?

PASSO 3

Rifletti Come potrebbe fare Tommaso per convincere suo fratello che il conto che ha fatto è scorretto?

4 Storie di un altro pianeta

START

Procurati carta e penna.

Immagina che esista un pianeta dove i matematici hanno deciso che qualsiasi numero, elevato a zero, dà come risultato se stesso. Questo perché secondo loro il numero, essendo elevato alla zero, non deve essere moltiplicato ripetutamente per nient'altro.

PASSO 1

Prova a inventare alcune operazioni in cui compare un numero elevato alla zero (per esempio 10^0) e **calcola** il loro risultato usando la matematica di questo nuovo pianeta.

....

....

....

PASSO 2

Inventa tre espressioni in cui compaia un numero elevato a una potenza diversa da zero moltiplicato o diviso per lo stesso numero elevato alla zero. Per esempio $10^3 : 10^0$.

Calcola il valore di queste espressioni applicando le regole del nuovo pianeta.

....

....

....

PASSO 3

Calcola il valore delle stesse espressioni usando la normale regola per le potenze con esponente zero.

....

....

....

PASSO 4

Calcola il valore delle tre espressioni applicando le proprietà delle potenze con la stessa base.

....

....

....

Rifletti Quale fra le due regole funziona meglio? Quella che ti è stata insegnata o quella del nuovo pianeta? Giustifica la tua risposta.

....

....

....

Esercizi di consolidamento

1 Le matriosche sono bambole costruite in modo che al loro interno possa stare un'altra bambola del tutto simile nell'aspetto ma più piccola.
Immagina una matriosca fatta in modo che in ogni bambola ci stiano due bambole e in ciascuna di queste due bambole siano presenti altre due bambole che a loro volta contengono due bambole ciascuna.
Come potresti scrivere il numero di bambole della dimensione minima utilizzando le potenze?

....

....

Come potresti fare invece a scrivere il numero di bambole della dimensione minima che ci sono in una matriosca normale, sempre utilizzando le potenze?

....

....

2 Inventa un problema simile a quello del prestito nella Scheda 3, cioè un problema in cui usando nel modo errato le proprietà delle potenze si ottiene un risultato assurdo. Utilizza però potenze con base ed esponente diversi. Ovviamente puoi anche cambiare l'ambientazione.

....

....

3 Calcola le seguenti espressioni sia usando la regola "ogni numero elevato alla zero è uguale a 1" sia la regola del pianeta immaginario in cui "ogni numero elevato alla zero rimane se stesso". Applica le proprietà delle potenze dove lo ritieni più opportuno.

a. $5^3 : 5^2 + 2^2 \times 3^2 \times (2^0 + 2^2)$

Risultato con regola normale: ....

Risultato con regola dell'altro pianeta: ....

b. $3^6 : 3^3 : 3^0 + (2^4 : 2^4)^2$

Risultato con regola normale: ....

Risultato con regola dell'altro pianeta: ....

....

c. $(3^0)^2 \times 4^2 : 2^2 + 7^2 : 7^0$

Risultato con regola normale: ....

Risultato con regola dell'altro pianeta: ....

Unità 7 LA DIVISIBILITÀ

SCHEDE

1 Pensa un numero...

START

Procurati carta e penna.

Leggi il seguente brano.

"Pensa un numero qualsiasi minore di 20.
Raddoppialo.
Somma 7.
Sottrai 4.
Moltiplica per 9.
Somma le cifre del numero che hai ottenuto.
Se il numero che hai ottenuto ha più di una cifra, allora somma ancora le cifre.
Continua a sommare le cifre finché non ottieni un numero con una sola cifra.
Il numero che hai ottenuto è 9."

PASSO 1

Rifletti Hai ottenuto effettivamente il numero 9?

PASSO 2

Rifletti Come è possibile che, a partire da qualsiasi numero, si ottenga sempre 9?

PASSO 3

Trasforma alcune delle istruzioni dell'elenco facendo in modo che il risultato finale sia sempre 9.

2 Numeri scomponibili

START

Procurati carta e penna.
Segui il percorso proposto.

PASSO 1

Completa il diagramma seguendo le istruzioni.

→ **Scegli** un numero minore di 100 e **scrivilo** nel quadratino in cima allo schema.

→ Nei quadratini della seconda riga, **scrivi** due numeri che moltiplicati fra loro danno come risultato il numero che hai scelto inizialmente.

→ Dopo le frecce che partono dai numeri che hai appena scritto, **scrivi** dei numeri che moltiplicati fra loro restituiscono i numeri che hai scritto al passo precedente.

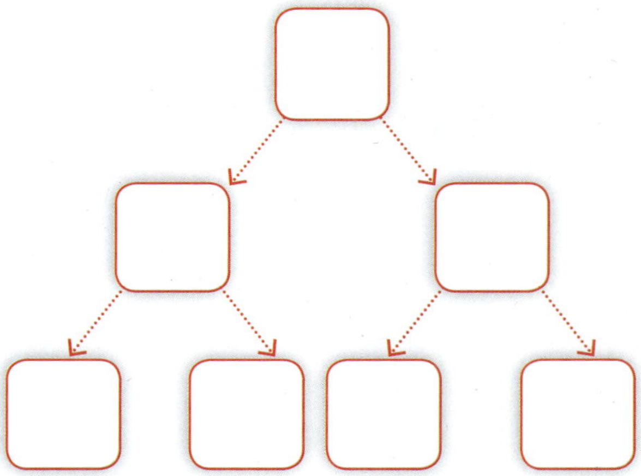

PASSO 2

Rifletti Che cosa ottieni se moltiplichi fra loro tutti i numeri che si trovano al piano più basso del diagramma?

....

....

PASSO 3

Rifletti Se si aggiungessero delle frecce dopo i numeri che si trovano al piano più basso del diagramma, potresti continuare a scrivere dei numeri che, moltiplicati fra loro, diano come risultato i numeri del piano immediatamente sopra? Se sì, fino a quando?

....

....

....

....

3 Un numero “balordo”

START

Procurati carta e penna.
Ripeti la stessa attività della scheda precedente a partire dal numero **180**.

PASSO 1

Aggiungi delle frecce sotto il diagramma per continuare a scomporre i numeri che ottieni.

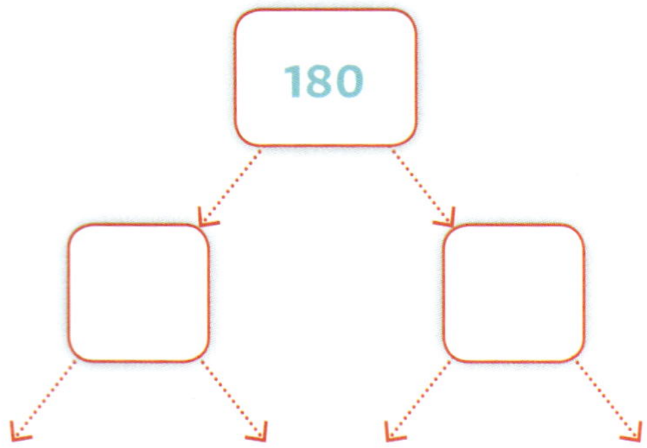

PASSO 2

Immagina di fare una gara: vince chi riesce a creare il diagramma più alto a partire da **180**. Secondo te gli sfidanti finiranno con l’essere tutti alla pari oppure potrà esserci un vincitore?

....

....

....

....

4 Costruzioni di numeri

START

Procurati carta e penna.
Leggi il seguente brano.
"Un numero è stato scomposto molte volte e, alla fine della scomposizione, nei quadratini più bassi del diagramma si legge:
→ tre volte il numero 2;
→ due volte il numero 3;
→ una volta il numero 5."

PASSO 1

Rifletti Quale numero c'era all'inizio dello schema?

....

PASSO 2

Elenca i numeri che possono essere comparsi nei vari quadratini dello schema.

....

....

....

....

....

....

....

....

....

....

....

PASSO 3

Rifletti Sei sicuro di avere elencato tutti i possibili numeri comparsi nello schema? Come puoi fare per esserne sicuro?

....

....

....

....

5 Numeri ritmati

START

Procurati carta e penna.
Considera il seguente problema.
"Iacopo e Virginia si divertono a creare dei ritmi con le mani. Cominciano battendo le mani contemporaneamente, poi Iacopo batte le mani ogni 4 secondi, Virginia ogni 6."

PASSO 1

Osserva la seguente semiretta orientata che rappresenta il tempo trascorso dal primo battito di mani, misurato in secondi. **Segna** con una crocetta gli istanti in cui Iacopo batte le mani. **Segna** con un colore o un simbolo diverso gli istanti corrispondenti al battito di mani di Virginia.

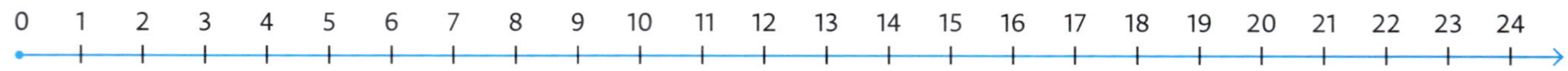

Nella tabella seguente **scrivi** in quali istanti batte le mani ciascuno dei due ragazzi.

Iacopo	4	8							
Virginia	6	12							

Rifletti Ogni quanti secondi Iacopo e Virginia battono insieme le mani?

....

....

....

Quando battono contemporaneamente le mani per la prima volta?

....

....

....

PASSO 2

Rifletti Chiara sta battendo le mani a ritmo costante. Dopo 48 secondi dal via batte le mani, ma non è la prima volta. Aveva battuto le mani anche dopo 36 secondi e anche altre volte. Ogni quanti secondi Chiara batte le mani?

....

....

....

Esercizi di consolidamento

1 **SFIDA** Completa i seguenti schemi, eventualmente aggiungi altre frecce e altri quadratini se è possibile continuare a scomporre.

a.

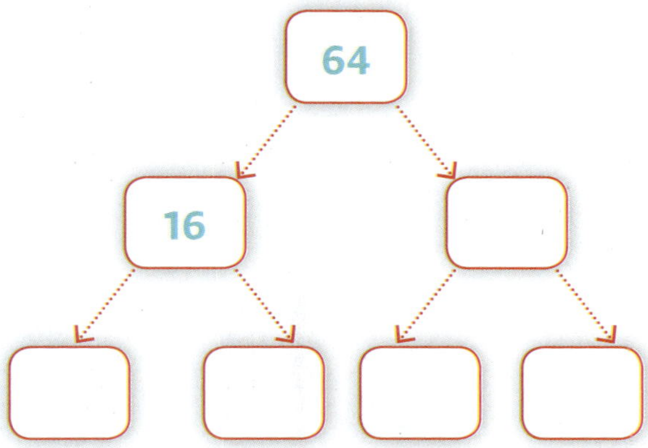

b.

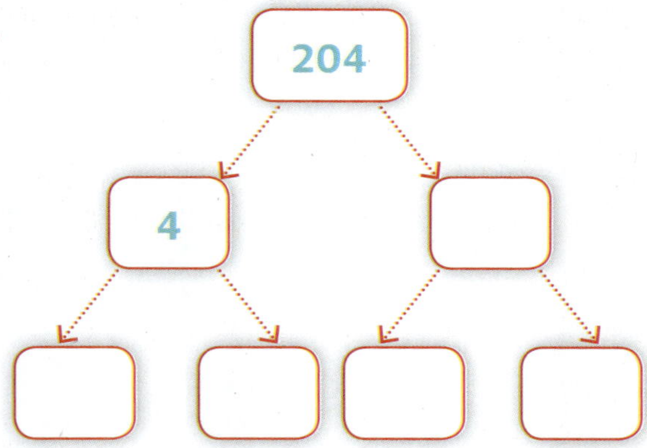

c.

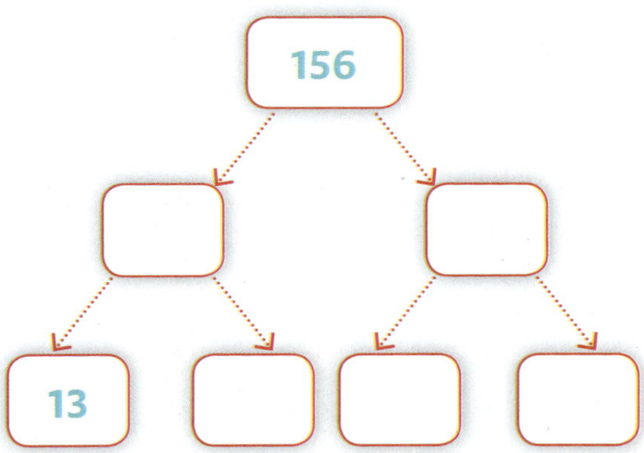

d.

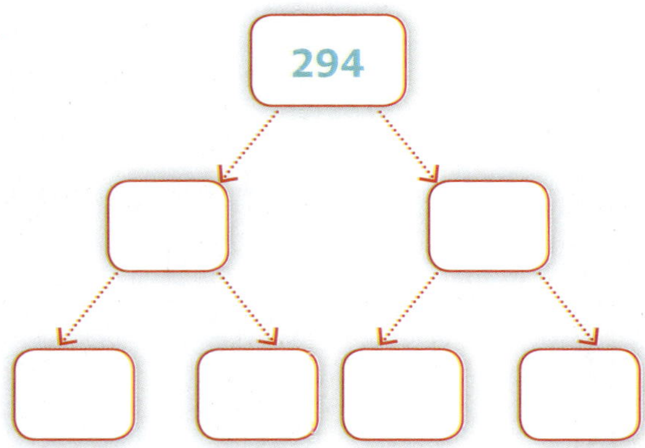

e.

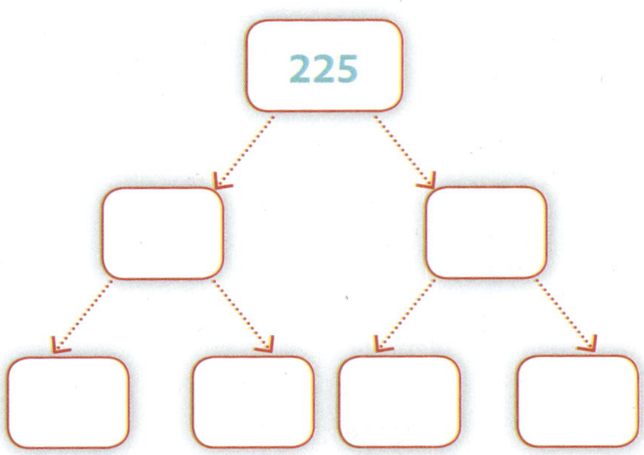

f.

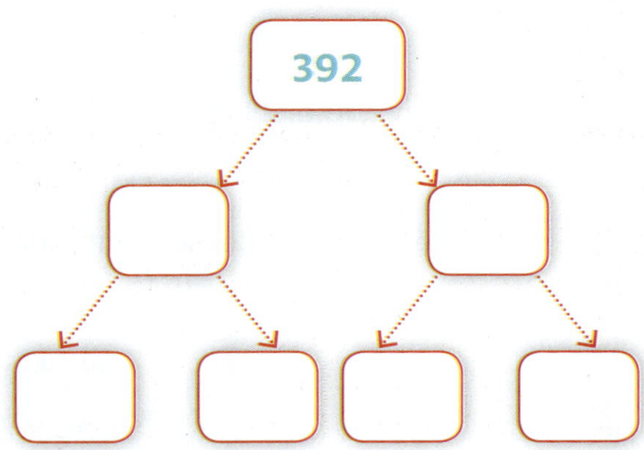

2 **SFIDA** Completa i seguenti schemi con due diverse scomposizioni del numero 256, poi elenca tutti i divisori di questo numero.

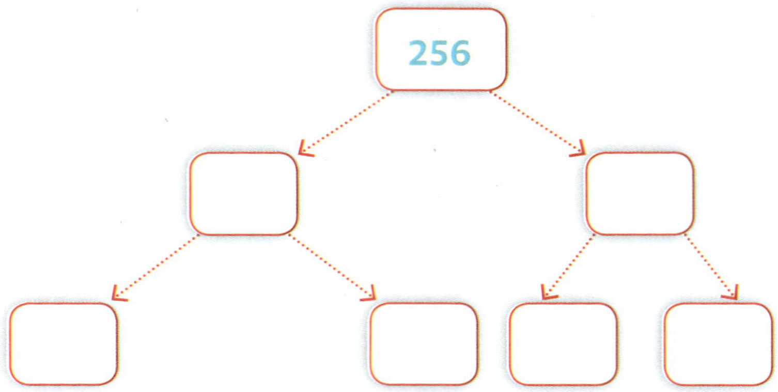

Aggiungi frecce e quadratini se è possibile continuare a scomporre.

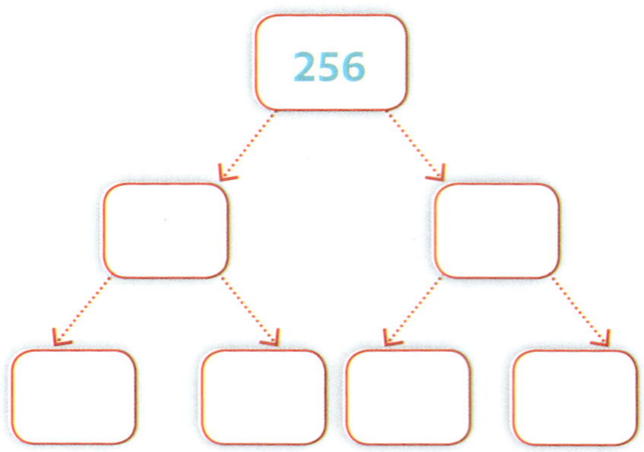

I divisori di 256 sono ....

3 Per ciascuno dei seguenti numeri elenca tutti i suoi divisori.

a. 24: ....

b. 96: ....

c. 36: ....

d. 108: ....

e. 150: ....

4 Nel paese di Calablu i cassonetti della carta vengono svuotati una volta ogni dieci giorni, quelli della plastica una volta ogni quattro giorni. Oggi sono stati svuotati entrambi i tipi di cassonetti.
Segna sul calendario, con colori diversi, i giorni in cui viene svuotata la plastica e quelli in cui viene svuotata la carta.

CALENDARIO

		1 oggi	2	3	4	5
6	7	8	9	10	11	12
13	14	15	16	17	18	19
20	21	22	23	24	25	26
27	28	29	30	31		

Fra quanti giorni i cassonetti verranno svuotati nuovamente insieme? ....

5 Enrico ha un foglio di carta bianco e rettangolare di dimensioni 28 cm e 20 cm. Vuole quadrettare il foglio in modo che nessun quadretto rimanga diviso a metà e facendo i quadretti più grandi possibili.
Quali dovranno essere le dimensioni di ciascun quadretto? ....

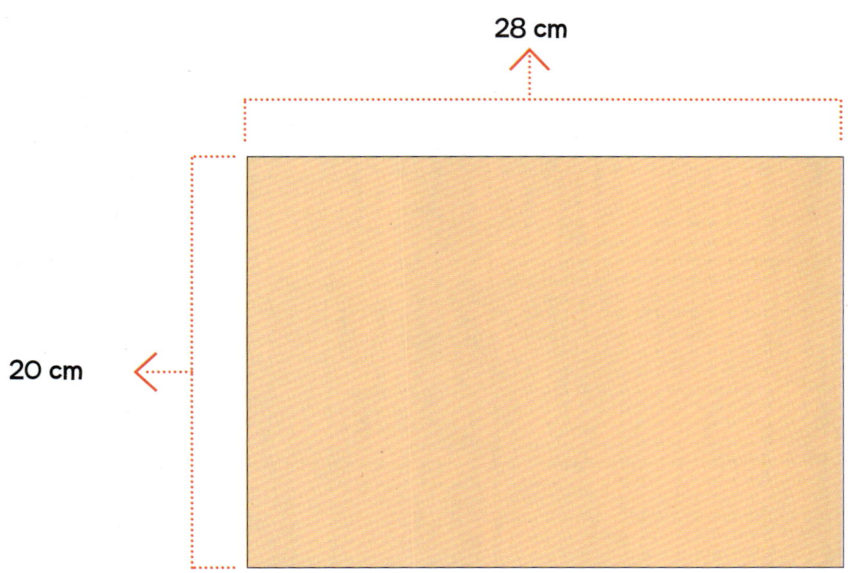

6 Elenca tutti i divisori di ciascun numero delle seguenti coppie, poi elenca quelli in comune.

a. 18 e 24

Divisori di 18: ....

Divisori di 24: ....

Divisori in comune: ....

b. 48 e 54

Divisori di 48: ....

Divisori di 54: ....

Divisori in comune: ....

c. 20 e 28

Divisori di 20: ....

Divisori di 28: ....

Divisori in comune: ....

d. 144 e 96

Divisori di 144: ....

Divisori di 96: ....

Divisori in comune: ....

7 Elenca i primi dieci multipli di ciascun numero delle seguenti coppie, poi elenca quelli in comune.

a. 4 e 10

Multipli di 4: ....

Multipli di 10: ....

Multipli in comune: ....

b. 12 e 8

Multipli di 12: ....

Multipli di 8: ....

Multipli in comune: ....

c. 11 e 4

Multipli di 11: ....

Multipli di 4: ....

Multipli in comune: ....

d. 11 e 13

Multipli di 11: ....

Multipli di 13: ....

Multipli in comune: ....

Unità 8 LE FRAZIONI

SCHEDE

1 Il tempio greco

START

Procurati del cartoncino o della plastilina, un righello o un metro, carta e matita.

Leggi il seguente brano.

"Gli antichi templi greci venivano costruiti facendo molta attenzione alle relazioni fra le misure delle varie parti dell'edificio. In particolare nel tempio dorico, ogni misura era stabilita a partire dalla scelta del **modulo**, ossia lo spazio compreso fra una colonna e l'altra.

→ L'altezza di una **colonna** è **cinque volte** il **modulo**.

→ La **trabeazione** e il **frontone** sono alti **un terzo** della **colonna**.

→ L'**architrave** e il **fregio** sono alti **un sesto** della **colonna**.

→ Il **basamento** del tempio è alto la **metà** della **trabeazione**, cioè dovrebbe avere la stessa altezza dell'**architrave** e del **fregio**.

→ La **larghezza** complessiva del tempio è pari ai **due quinti** della **lunghezza**."

PASSO 1

Riproduci un modello del tempio greco utilizzando cartoncino o plastilina. **Scegli** inizialmente il numero di colonne e il modulo poi **determina** le altre misure seguendo le relazioni elencate.

2 Numeri di scarpe

START

Procurati carta, penna e un righello o un metro.
La domanda D14 della prova INVALSI 2013 iniziava con il testo che segue.

D14. In Europa, i numeri delle scarpe corrispondono circa ai $\frac{3}{2}$ della lunghezza (in cm) del piede.

Tratto da Invalsi - anno 2013

PASSO 1

Completa la seguente tabella inserendo, per ciascun valore di lunghezza del piede, il numero di scarpe che gli corrisponde, secondo quanto riportato nel testo.

Lunghezza piede	24 cm	25 cm	26 cm	27 cm	28 cm	29 cm	30 cm	31 cm	32 cm
Numero scarpe									

PASSO 2

Rifletti
Quale numero di scarpe porti? ....
Quanto dovrebbe essere la lunghezza del tuo piede secondo la corrispondenza indicata nella tabella?
.... cm

PASSO 3

Riporta in una tabella le lunghezze dei piedi dei tuoi compagni di classe, **indica** quale numero di scarpe dovrebbero portare, secondo la regola descritta, e quale numero portano in realtà.

Nome	**Lunghezza piede (cm)**	**Numero di scarpe (regola)**	**Numero di scarpe (reale)**

3 Il muro delle frazioni

START

Procurati delle matite colorate.

Osserva Di seguito è rappresentato il muro delle frazioni. La prima striscia rappresenta l'unità, le strisce sottostanti sono frazioni dell'unità.

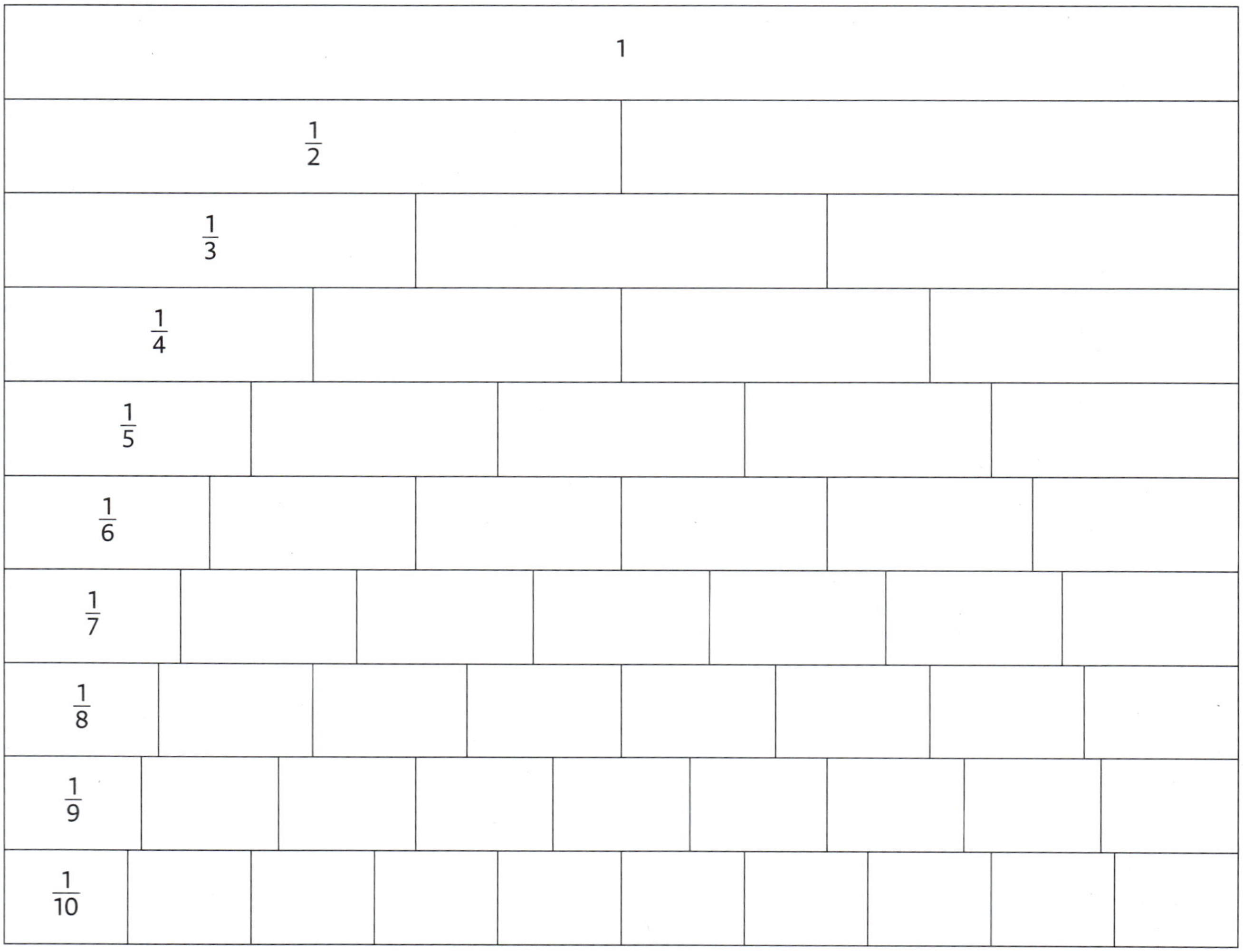

PASSO 1

Colora di giallo il "mattone" in cui è scritto $\frac{1}{2}$.

Colora di giallo altre strisce che abbiano la stessa lunghezza del "mattone" che hai appena colorato ma che si trovino su altri livelli del muro.

Le strisce possono essere composte da più "mattoni".

PASSO 2

Scegli altri colori per le altre frazioni unitarie indicate e **colora** con lo stesso colore, per ciascuna di esse, un'altra striscia che abbia esattamente la stessa lunghezza.

4 Frazioni sulla semiretta dei numeri

START

Procurati carta e delle matite colorate.
Osserva la figura e **leggi** il seguente brano.

Lara vuole posizionare il numero $\frac{2}{5}$ sulla semiretta orientata dei numeri. Per farlo usa la seguente strategia: prima di tutto ritaglia una striscia di carta lunga tanto quanto l'unità, cioè quanto la distanza fra 0 e 1. Poi divide la striscia di carta in cinque parti uguali e la allinea sotto la semiretta orientata dei numeri come vedi nella seguente figura.

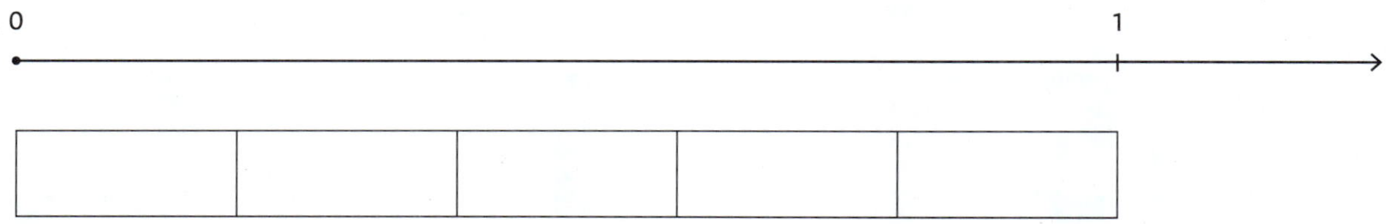

Infine colora due delle parti e quindi disegna una linea tratteggiata verticale dal limite della parte colorata verso la semiretta orientata dei numeri, così da trovare il punto in cui posizionare la frazione $\frac{2}{5}$.

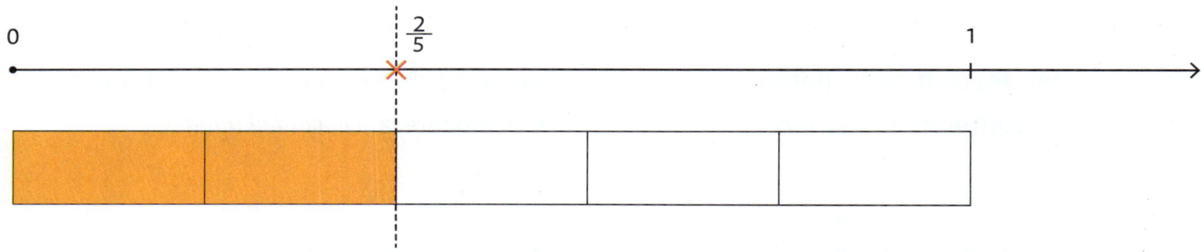

PASSO 1

Usa la stessa strategia di Lara per posizionare sulla semiretta orientata le frazioni $\frac{1}{2}$, $\frac{2}{3}$, $\frac{5}{8}$ e $\frac{3}{6}$.

5 Il Gioco dell'uguale/3

START

Procurati carta, matita e forbici; nastro adesivo, filo da bucato e mollette.

Osserva Di seguito sono elencate alcune nuove carte per il *Gioco dell'uguale*.

13	1,3	26
15	1	0,5

PASSO 1

Ritaglia dei pezzi di carta per creare queste nuove carte da gioco e **ricopia** i numeri. **Crea** altre carte a piacere che contengano numeri razionali e **usale** per giocare al *Gioco dell'uguale*.

PASSO 2

Metti le carte che hai realizzato una accanto all'altra, dal numero più piccolo al numero più grande. Se ci sono delle carte che rappresentano lo stesso numero, mettile una sotto l'altra.

PASSO 3

Crea una lunga retta dei numeri, disegnandola su un foglio o tendendo un filo per il bucato e attaccando (con il nastro adesivo o con delle mollette) le carte che hai realizzato.

Disegna la semiretta orientata dei numeri (rimpicciolita) e **segna** con un pallino le posizioni dei numeri.

6 Confronto tra frazioni

START

Procurati carta e penna.
Leggi il seguente brano.
Susanna deve inserire il simbolo $<$, $>$ o $=$ fra i due seguenti numeri razionali:

$\frac{9}{25} \ldots\ldots \frac{3}{5}$

PASSO 1

Spiega, passo dopo passo, la procedura che Susanna può seguire per risolvere correttamente l'esercizio.

PASSO 2

Rifletti La procedura che hai proposto è l'unica possibile? Se no, quale potrebbe essere un'altra?

PASSO 3

Inventa una coppia di frazioni fra le quali Susanna avrebbe dovuto inserire un simbolo diverso.

Esercizi di consolidamento

1 Il corpo umano, così come molte altre cose in natura, presenta particolari proporzioni. Per esempio l'altezza della testa è uguale a un decimo dell'altezza totale.
Verifica questa relazione prendendo le misure su un numero di persone a piacere e completando la seguente tabella.

Altezza testa	Altezza totale	$\frac{\text{Altezza testa}}{\text{Altezza totale}}$

2 Il seguente rettangolo rappresenta il "mattone" unitario (cioè che vale 1) di un muro delle frazioni.
In relazione al "mattone" unitario, scrivi per ciascuno dei rettangoli riportati la frazione a cui corrisponde.

3 Realizza 10 strisce di carta di lunghezza pari all'unità della seguente semiretta orientata dei numeri.

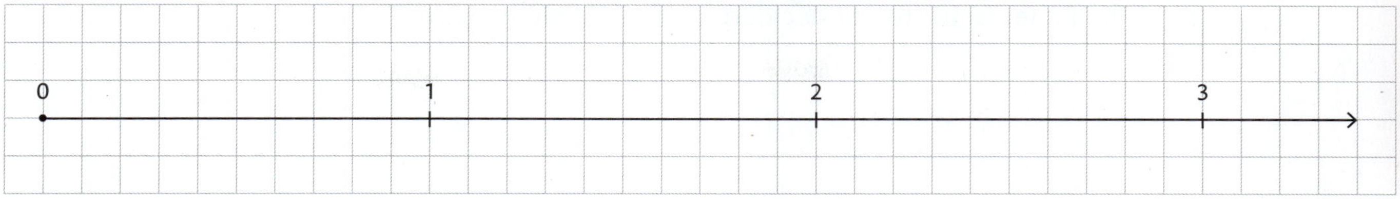

Colora ciascuna striscia di carta in modo che la parte colorata corrisponda a una delle seguenti frazioni. Utilizza la striscia per posizionare la frazione sulla retta orientata dei numeri e successivamente incolla sul quaderno la striscia di carta e scrivile di fianco alla frazione a cui corrisponde.

$$\frac{3}{5}; \frac{2}{3}; \frac{5}{6}; \frac{7}{4}; \frac{6}{12}; \frac{1}{7}; \frac{2}{8}; \frac{3}{10}; \frac{10}{3}; \frac{8}{4}$$

4 Rappresenta le seguenti frazioni sul muro delle frazioni.

$$\frac{2}{7}; \frac{3}{5}; \frac{1}{8}; \frac{4}{10}; \frac{3}{4}$$

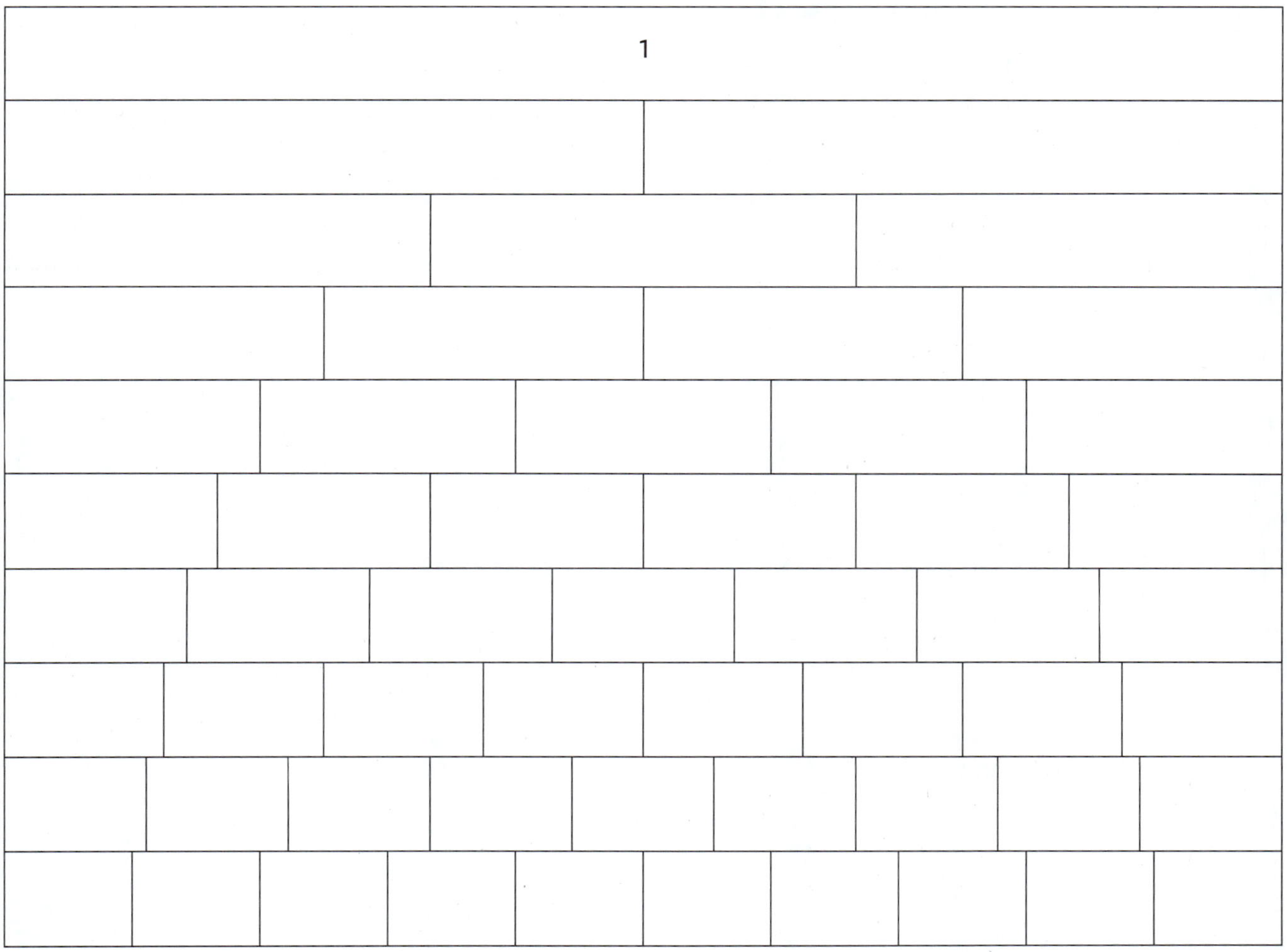

Riscrivi le frazioni ordinandole dalla più piccola alla più grande.

....

....

5 **SFIDA** Per ciascuna delle seguenti coppie di frazioni scrivi il simbolo $<$, $>$ o $=$. Scrivi accanto la procedura che hai usato per decidere quale simbolo inserire.

a. $\frac{1}{3}$ ...... $\frac{1}{2}$ ......

b. $\frac{5}{25}$ ...... $\frac{1}{5}$ ......

c. $\frac{7}{6}$ ...... $\frac{6}{7}$ ......

d. $\frac{3}{10}$ ...... $\frac{3}{20}$ ......

e. $\frac{9}{10}$ ...... $\frac{19}{10}$ ......

f. $\frac{3}{5}$ ...... $\frac{5}{7}$ ......

g. $\frac{8}{12}$ ...... $\frac{3}{2}$ ......

h. $\frac{4}{36}$ ...... $\frac{2}{6}$ ......

i. $\frac{5}{100}$ ...... $\frac{3}{50}$ ......

j. $\frac{459}{1000}$ ...... $\frac{45}{100}$ ......

Unità 9 OPERAZIONI CON LE FRAZIONI

SCHEDE

1 Frazioni musicali

START

Procurati carta e penna.
In musica si usano particolari simboli per indicare la durata di un suono o di una pausa. Nella seguente tabella trovi indicati alcuni di questi simboli.

Nome	Nota	Simbolo di pausa	Valore
Semibreve	𝅝	𝄻	Un intero (1)
Minima	𝅗𝅥	𝄼	Un mezzo $\left(\frac{1}{2}\right)$
Semiminima	♩	𝄽 ⁊	Un quarto $\left(\frac{1}{4}\right)$
Croma	♪	𝄾	Un ottavo $\left(\frac{1}{8}\right)$
Semicroma	𝅘𝅥𝅯	𝄿	Un sedicesimo $\left(\frac{1}{16}\right)$
Punto di valore	•		Aumenta la durata di una nota della metà del valore della nota stessa

PASSO 1

Ogni rigo musicale è scritto in modo che ciascuna battuta (cioè l'insieme delle note comprese fra due righe verticali consecutive) abbia durata pari a 1.
Osserva Nel seguente spartito è sempre rispettata questa condizione? ....

EL CONDOR PASA

José Alomìa Robles

PASSO 2

Componi, nel seguente pentagramma vuoto, un breve spartito in modo che ogni battuta abbia durata pari a 1.

2 Strane addizioni

START

Procurati carta e penna.
Leggi il seguente brano.
Melissa sta controllando che la seguente battuta del pentagramma abbia effettivamente durata 1.

Ricorda che il primo simbolo indica la durata di $\frac{1}{2}$, il secondo simbolo è una pausa di $\frac{1}{4}$ mentre l'ultimo corrisponde a una nota di durata $\frac{1}{4}$.
Per determinare se la durata complessiva è 1, decide di sommare le durate delle note e della pausa. Svolge il calcolo nel seguente modo:

$$\frac{1}{2}+\frac{1}{4}+\frac{1}{4}=\frac{1+1+1}{2+4+4}=\frac{3}{10}$$

PASSO 1

Rifletti Credi che Melissa abbia svolto bene il calcolo? Perché?

....

....

....

....

....

PASSO 2

L'insegnante chiede a Melissa perché ha svolto la frazione in questo modo e Melissa spiega:
"Ho pensato agli esercizi che ho fatto nell'ultima verifica: nella prima pagina della verifica c'erano 2 esercizi e io ne ho fatto bene uno. Nella seconda e nella terza pagina c'erano 4 esercizi ciascuna e io ho fatto bene un solo esercizio nella seconda pagina e uno solo nella terza. Complessivamente ho fatto bene 3 esercizi su 10".
Rifletti Credi che Melissa abbia svolto correttamente questo calcolo? Che differenza c'è rispetto al calcolo precedente?

....

....

....

....

....

SCHEDA

3 Sommare frazioni

START

Procurati carta e penna.

Leggi il seguente brano.

Luigi vuole suggerire a Melissa un modo per correggere il suo errore nel calcolare questa somma:

$\frac{1}{2} + \frac{1}{4} + \frac{1}{4}$

Luigi spiega la sua procedura a Melissa in questo modo:

"Immagina di prendere **un mezzo** e di spezzarlo a metà, avrai due quarti. Infatti **un mezzo** e due quarti sono equivalenti."

"Quindi ti rimangono da sommare solo frazioni con lo stesso denominatore: due quarti con **un quarto** e poi ancora con **un quarto**. Così ti vengono quattro quarti, che poi è 1!"

$\frac{2}{4} + \frac{1}{4} + \frac{1}{4} = \frac{4}{4}$

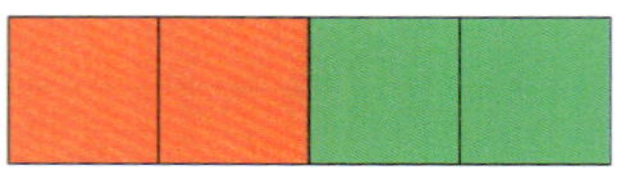

PASSO 1

Rifletti Credi che Luigi abbia svolto correttamente questo calcolo?

....

....

....

....

PASSO 2

Usa la procedura di Luigi per verificare se la seguente battuta ha effettivamente durata 1.

....

....

....

....

4 Moltiplicare frazioni

START

Procurati carta e penna.

Osserva Nelle schede precedenti hai visto che un rettangolo può essere utilizzato per rappresentare una moltiplicazione. Per esempio la moltiplicazione **4** × **3** può essere rappresentata con un rettangolo come il seguente.

PASSO 1

Rifletti Come si potrebbe utilizzare un rettangolo per rappresentare la moltiplicazione $3 \times \frac{1}{2}$?

Disegna il rettangolo che utilizzeresti.

PASSO 2

Rifletti Mettendo insieme le parti della rappresentazione che hai disegnato, che frazione ottieni?

PASSO 3

Rifletti e **disegna** Come potresti rappresentare con un rettangolo la moltiplicazione $\frac{1}{2} \times \frac{1}{3}$? Che frazione ottieni come risultato?

5 Moltiplicazioni che dividono

START

Procurati carta e penna.

Leggi il seguente brano.

"Gianfranco ha ritagliato una striscia di carta lunga come tre unità della seguente semiretta orientata dei numeri, poi ha diviso la striscia di carta in cinque parti uguali e ha colorato la prima di queste parti."

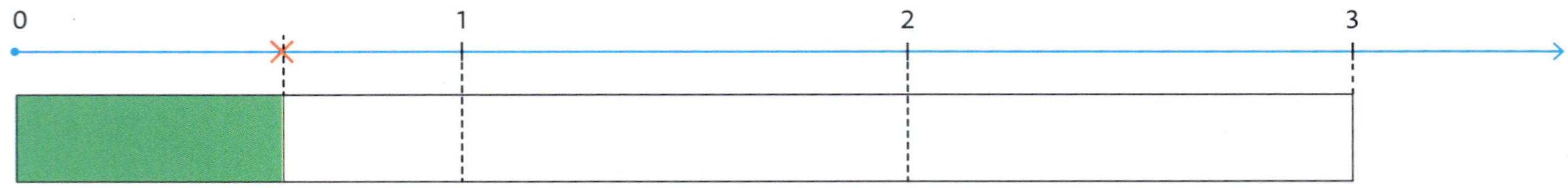

PASSO 1

Rifletti La parte colorata da Gianfranco corrisponde a una frazione sulla semiretta orientata dei numeri (segnata con la crocetta rossa). Qual è la frazione a cui corrisponde la parte colorata?

....

Completa la seguente frase:

Gianfranco ha diviso 3 unità in cinque parti uguali e ha ottenuto la frazione ...., quindi facendo la divisione 3 : .... ha ottenuto come risultato la frazione ....

PASSO 2

Disegna un rettangolo per rappresentare la moltiplicazione $3 \times \frac{1}{5}$. Scegli l'unità a piacere.

Rifletti Che frazione hai ottenuto come risultato? ....

....

PASSO 3

Rifletti Che cosa ha in comune l'operazione fatta da Gianfranco con l'operazione che hai appena rappresentato?

....

6 Gara di frazioni

START

Procurati carta e penna.
Leggi il seguente brano.
“La professoressa di matematica ha organizzato una gara di frazioni. Il gioco è semplice: la professoressa stabilisce una frazione, chiamata bersaglio, e gli studenti devono trovare il modo di ottenerla combinando i tre numeri e i tre segni di operazione assegnati (anche utilizzandone alcuni più volte se serve).”

PASSO 1

Completa questo primo esempio di gara proponendo una soluzione.

Bersaglio: $\frac{3}{2}$

Numeri utilizzabili: 10 | 4 | 7

Operazioni utilizzabili: – | : | ×

Soluzione proposta: ....

PASSO 2

Continua la gara con i seguenti bersagli.

a. Bersaglio: $\frac{10}{3}$
Numeri utilizzabili: 10, 5 e 2
Operazioni utilizzabili: –, :, ×

b. Bersaglio: $\frac{80}{55}$
Numeri utilizzabili: 2, 3 e 5
Operazioni utilizzabili: –, :, ×

c. Bersaglio: $\frac{102}{96}$
Numeri utilizzabili: 10, 4 e 7
Operazioni utilizzabili: +, :, ×

d. Bersaglio: $\frac{221}{168}$
Numeri utilizzabili: 10, 2 e 9
Operazioni utilizzabili: +, :, ×

7 Frazioni egizie

START

Procurati carta e penna.

Leggi il seguente brano.

"Gli antichi egizi sapevano scrivere solo frazioni con numeratore 1. Per scrivere le frazioni usavano un simbolo simile a un occhio per la linea di frazione e sotto scrivevano il numero corrispondente al denominatore. Ecco alcuni esempi:

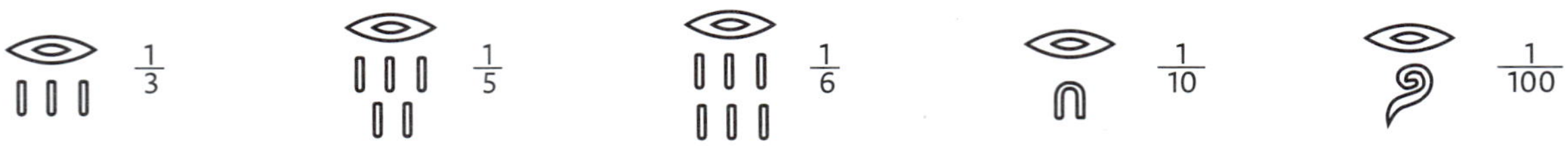

$\frac{1}{3}$ $\frac{1}{5}$ $\frac{1}{6}$ $\frac{1}{10}$ $\frac{1}{100}$

Altre frazioni possono essere scritte cambiando i numeri a denominatore. Ecco alcuni esempi:

$\frac{1}{4}$ $\frac{1}{13}$

Ma come facevano a scrivere frazioni con numeratore diverso da 1? Usavano la somma di frazioni.
Per esempio, immaginiamo di dover rappresentare la frazione $\frac{3}{5}$. Ogni frazione corrisponde a una divisione, in questo caso 3 : 5, che equivale a dividere 3 cose fra 5 persone in parti uguali. Immaginiamo per esempio di dividere 3 pezzi di pane fra 5 persone. Inizialmente, a ogni persona viene consegnata una metà, cioè:

$\frac{1}{2}$ 

Poiché inizialmente avevamo sei metà, avanzerà una metà che dovrà essere distribuita fra le cinque persone. Dividiamo quindi la metà di pane avanzata in cinque parti uguali, ottenendo dei pezzi che sono $\frac{1}{10}$ della pagnotta di partenza.

Si consegna anche questo pezzettino a ciascuna persona. Ogni persona ha quindi una parte pari a

$\frac{1}{2} + \frac{1}{10}$ scritta in frazioni egizie diventa 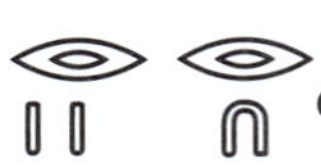 che corrisponde proprio a $\frac{3}{5}$."

PASSO 1

Trasforma le seguenti frazioni in frazioni egizie: $\frac{2}{3}$; $\frac{3}{7}$; $\frac{10}{3}$.

....

....

Esercizi di consolidamento

1 Completa a piacere il seguente pentagramma in modo che ogni battuta abbia durata 1.

2 Alcuni componimenti usano un tempo in $\frac{3}{4}$, in cui cioè ogni battuta dura tre quarti anziché 1. Completa il seguente pentagramma in modo che ogni battuta abbia durata $\frac{3}{4}$.

3 Per ciascuna delle seguenti coppie di frazioni, sostituisci almeno una delle due frazioni con un'altra equivalente in modo che entrambe le frazioni della coppia abbiano lo stesso denominatore.

Puoi aiutarti facendo dei disegni come quelli che hai visto nella Scheda 3 di questa unità.

a. $\frac{1}{2}$ e $\frac{3}{4}$ ....

b. $\frac{5}{6}$ e $\frac{3}{2}$ ....

c. $\frac{4}{9}$ e $\frac{2}{3}$ ....

d. $\frac{1}{2}$ e $\frac{3}{6}$ ....

e. $\frac{4}{5}$ e $\frac{5}{10}$ ....

f. $\frac{1}{11}$ e $\frac{1}{3}$ ....

g. $\frac{2}{7}$ e $\frac{3}{2}$ ....

h. $\frac{1}{6}$ e $\frac{5}{4}$ ....

i. $\frac{2}{8}$ e $\frac{5}{12}$ ....

j. $\frac{3}{18}$ e $\frac{2}{24}$ ....

4 **SFIDA** In alcune delle seguenti addizioni di frazioni sono stati commessi degli errori. Individuali e correggili.

a. $\frac{1}{2}+\frac{1}{4}=\frac{2}{4}+\frac{1}{4}=\frac{3}{4}$ ....

b. $\frac{1}{3}+\frac{2}{9}=\frac{3}{9}+\frac{2}{9}=\frac{5}{9}$ ....

c. $\frac{5}{6}+\frac{2}{4}=\frac{5}{6}+\frac{1}{2}=\frac{5}{6}+\frac{3}{6}=\frac{8}{6}=\frac{4}{3}$ ....

d. $\frac{4}{6}+\frac{3}{9}=\frac{2}{3}+\frac{1}{3}=\frac{3}{6}=\frac{1}{2}$ ....

e. $\frac{2}{10}+\frac{3}{5}=\frac{2}{10}+\frac{5}{10}=\frac{7}{10}$ ....

5 Accanto a ciascuna delle seguenti moltiplicazioni è stato disegnato un quadrato di lato 1. Colora la parte di quadrato corrispondente alla moltiplicazione e determina a quale frazione del quadrato corrisponde la parte colorata.

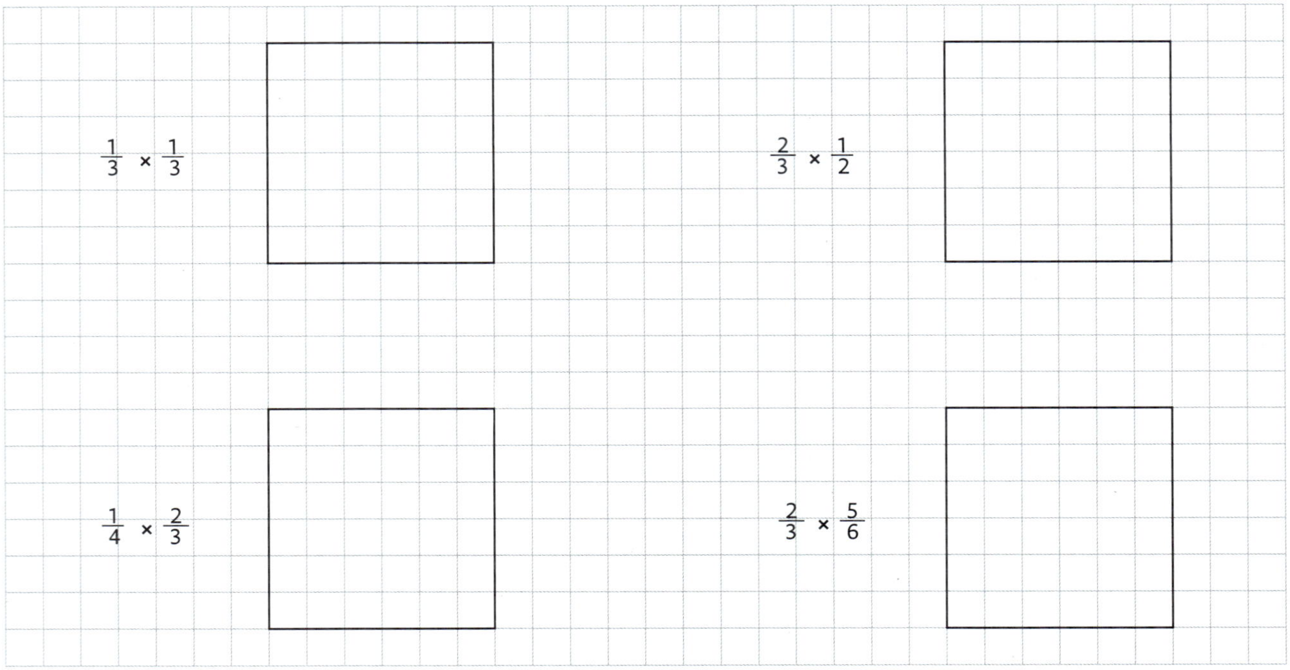

$\frac{1}{3} \times \frac{1}{3}$ $\frac{2}{3} \times \frac{1}{2}$

$\frac{1}{4} \times \frac{2}{3}$ $\frac{2}{3} \times \frac{5}{6}$

6 **SFIDA** In alcune delle seguenti moltiplicazioni di frazioni sono stati commessi degli errori. Individuali e correggili.

a. $\frac{1}{2} \times \frac{1}{4} = \frac{2}{4} \times \frac{1}{4} = \frac{2}{16} = \frac{1}{8}$ ....

b. $\frac{2}{5} : 2 = \frac{2}{5} \times \frac{1}{2} = \frac{2}{10} = \frac{1}{5}$ ....

c. $\frac{1}{5} : \frac{2}{3} = \frac{1}{5} : 2 \times \frac{1}{3} = \frac{1}{5} \times \frac{1}{2} \times \frac{1}{3} = \frac{1}{10} \times \frac{1}{3} = \frac{1}{30}$ ....

d. $\frac{4}{6} : \frac{3}{2} = \frac{4}{6} : 3 : \frac{1}{2} = \frac{4}{6} \times \frac{1}{3} : \frac{1}{2} = \frac{4}{18} : \frac{1}{2} = \frac{4}{18} \times 2 = \frac{8}{18}$ ....

e. $\frac{1}{3} \times \frac{9}{2} = 1 \times \frac{3}{2} = \frac{3}{2}$ ....

7 Scrivi ciascuna delle seguenti frazioni egizie nella notazione usuale (le frazioni affiancate devono essere sommate).

a.  ....

b.  ....

c.  ....

d. 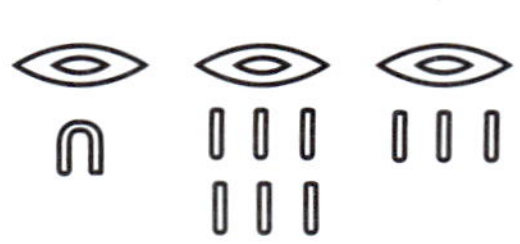 ....

Unità 10 LA MISURA

SCHEDE

1 Quanto "peserà"?

START

Procurati una bottiglia d'acqua, una bilancia e uno zaino con dei libri.

PASSO 1

Prendi la bottiglia d'acqua e **scrivi** la sua capacità: ....

Prendi la bottiglia in mano.

Rifletti Quale pensi possa essere la sua massa? .... kg

Ora **metti** la bottiglia su una bilancia e **leggi** la massa indicata dalla bilancia: .... kg

Osserva C'è differenza tra la massa stimata e la massa misurata?

....

PASSO 2

Riempi il tuo zaino con alcuni dei tuoi libri, **sollevalo** con una mano.

Rifletti Ha massa maggiore o minore della bottiglia?

....

Secondo te, quante bottigliette servono per uguagliare la massa dello zaino pieno di libri?

....

Quale potrebbe essere la massa dello zaino?

....

Usa una bilancia pesapersone per scoprire qual è la massa del tuo zaino.

Osserva Qual è la reale massa dello zaino? .... kg

C'è differenza tra la massa stimata e la massa misurata?

....

Se lo zaino non è abbastanza pesante per essere rilevato dalla bilancia, allora puoi mettere lo zaino sulle spalle e salire sulla bilancia, poi togli lo zaino e leggi la tua massa senza zaino.

2 Illusioni ottiche

START

Procurati un compasso o un righello.
Osserva la seguente immagine.

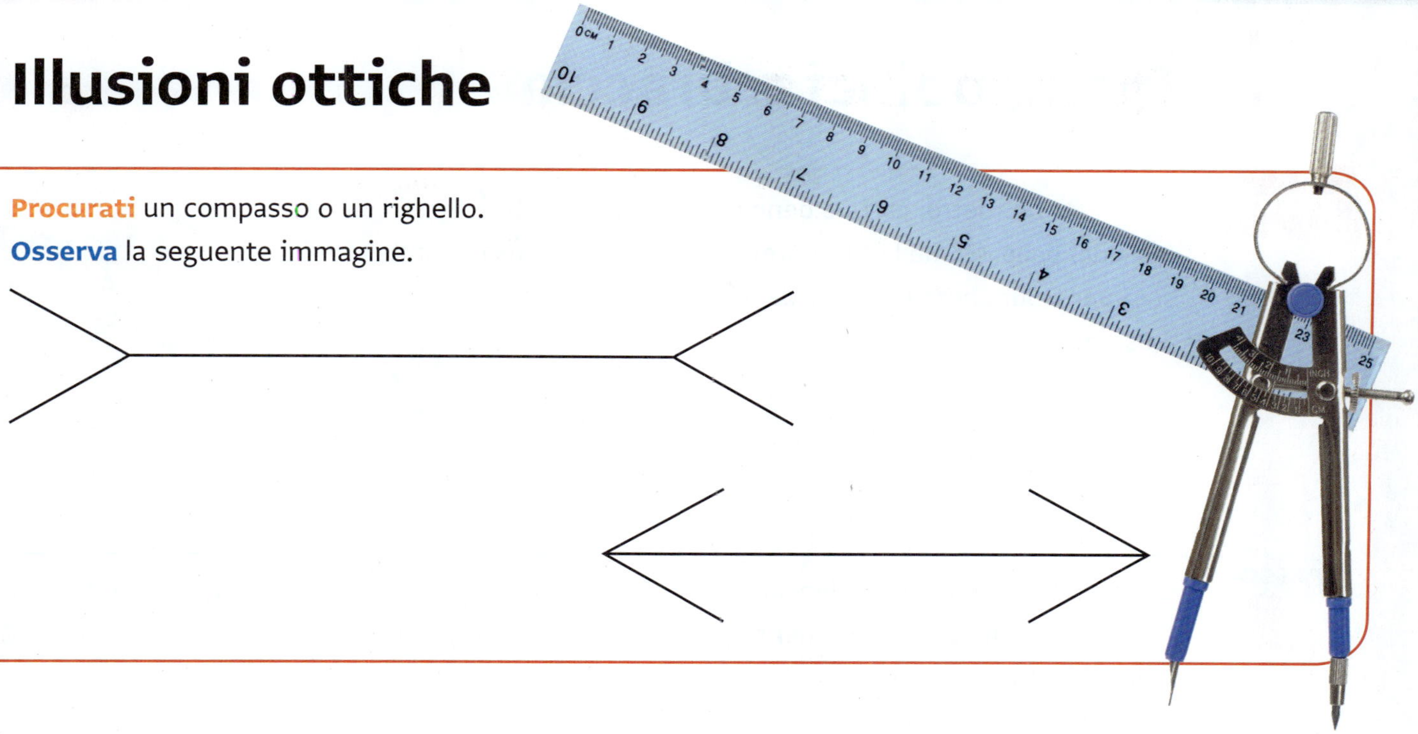

PASSO 1

Descrivi accuratamente l'immagine.

PASSO 2

Rifletti Alcuni sostengono che nell'immagine ci sia un'illusione ottica, ossia qualcosa che ai nostri occhi sembra diverso da come è in realtà. Sei d'accordo? **Giustifica** la tua risposta.

PASSO 3

Rifletti Se si trattasse davvero di un'illusione ottica, ci sarebbe un modo per svelarla?
Spiega la procedura che seguiresti per dimostrare che c'è qualche caratteristica dell'immagine che appare diversamente da come è in realtà.

3 Piedi, pollici e braccia

START

Procurati un metro, carta e penna.
In alcuni paesi (come la Gran Bretagna e gli USA) si usano unità di misura per la lunghezza diverse da quelle che siamo abituati a usare noi.

PASSO 1

Osserva Di seguito sono elencati i nomi di alcune unità di misura usate nei paesi anglosassoni.
Per ciascuna di esse **scrivi** quanto pensi potrebbe valere, se trasformata in centimetri.

Pollice (inch): .... cm

Piede (foot): .... cm

Braccio (arm): .... cm

Fai una ricerca su un libro o su internet per scoprire quanto valgono effettivamente queste unità di misura, se espresse in centimetri.

....

....

....

....

PASSO 2

Misura la lunghezza del tuo pollice, del tuo piede e del tuo braccio.
Corrispondono effettivamente ai valori in centimetri delle unità di misura sopra riportate?

....

....

....

....

PASSO 3

Chiedi ai tuoi nonni o cerca sui libri o su internet se, anche in Italia, in passato venivano utilizzate unità di misura che corrispondono a caratteristiche del corpo umano.

....

....

....

....

4 Strade diverse

START

Procurati carta e penna.

Leggi il seguente brano.

"Gianmarco, Flavio e Sonia si trovano in punti diversi di via Garibaldi e tutti quanti devono andare in via Mazzini. Per farlo percorrono strade diverse."

PASSO 1

Confronta i percorsi fatti dai tre ragazzi.

Chi ha fatto il percorso più lungo?

....

Chi ha fatto il percorso più breve?

....

PASSO 2

Descrivi quale procedura hai usato per scoprire quale percorso è più lungo e quale più breve.

....

....

....

....

Rifletti Credi che potrebbero esserci altri modi per scoprirlo?

....

....

....

5 Playlist

START

Procurati carta, penna e connessione a internet o lettore mp3.
Immagina di dover fare un viaggio in treno. Questo è il tuo biglietto.

dl 7143884
TRENITALIA
TRENO ORDINARIO
DA CONVALIDARE
N. 1 ADULTI
UTILIZZABILE DAL
AL
8:28 Partenza SIENA --- Arrivo FIRENZE 9:39 Classe 2
KM 97
TARIFFA INTERA TAR.39/01
VALE 6H DA CONVALIDA
EUR *****
TOT.BIGL.N. 1
P.IVA
0749JI7143884
00220 0636 SIENA 281212 19:20 00682-201

Il tempo di viaggio non è poco, ma per fortuna potrai portare con te un lettore mp3 in cui mettere la tua musica preferita.

PASSO 1

Completa la seguente tabella inserendo i titoli delle canzoni che inseriresti nella playlist e la loro durata.
Verifica che la durata della playlist sia sufficiente per coprire tutta la durata del viaggio, se no inserisci altri brani.

Titolo canzone	Durata	Titolo canzone	Durata

Esercizi di consolidamento

1 Osserva la seguente figura.

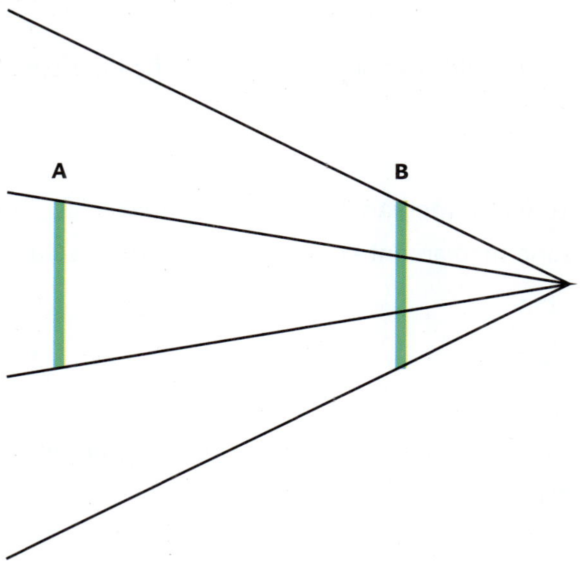

Scopri l'illusione ottica che la caratterizza e spiega il procedimento che può essere usato per smascherarla.

2 Osserva la figura.

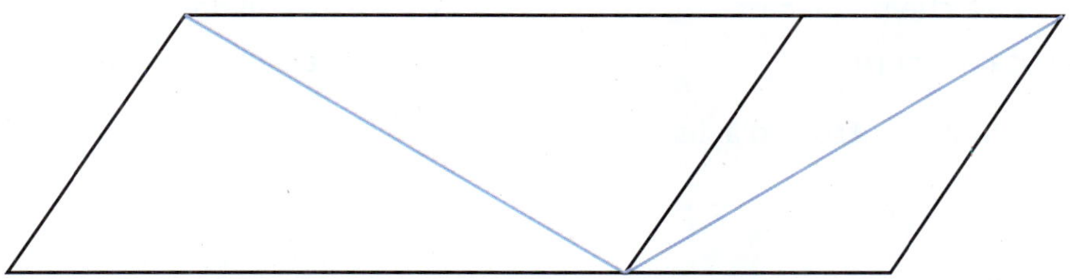

Quale fra i due segmenti blu è più lungo? Giustifica la risposta.

3 **SFIDA** Immagina che esista un pianeta su cui le lunghezze vengono misurate in BLIZ. Ogni BLIZ corrisponde a 25 BOLZ e ogni BOLZ corrisponde a 125 ALT. Se un ALT corrisponde a 25 cm, a quanti metri corrisponde un BLIZ?

....

Scrivi i calcoli che hai svolto per scoprirlo e giustifica la risposta.

....

4 Secondo te, quanto è alta mediamente una persona? .... m

Secondo te, quali sono mediamente le dimensioni di una sedia o di una poltrona?

Larghezza: .... cm

Profondità: .... cm

Altezza: .... cm

Sulla base di queste informazioni, prova a stimare le dimensioni di un autobus da 50 posti.

Larghezza: .... cm

Lunghezza: .... cm

Altezza: .... cm

Giustifica le tue risposte.

....

....

5 Simone ha appena finito di comporre la propria playlist formata da 10 brani.

Ti amerò per sempre	4:23	Cantando insieme	3:24
Io e te ancora insieme	3:55	Una coppia infinita	4:05
La nostra canzone	3:36	Noi due, solo noi due	4:29
La ragazza che mi piace	5:21	Per il nostro anniversario	3:51
Serenata d'amore	4:18	Da quanto ti conosco	5:08

Quanto dura in tutto la playlist di Simone?

....

6 Il treno di Veronica, Michela e Flavio è in ritardo; quindi i ragazzi hanno 2 ore libere. Di fronte alla stazione c'è un cinema e i ragazzi decidono di usare il tempo a loro disposizione per guardare un film. Possono scegliere fra questi film:

→ *Avventure straordinarie*, durata $1^h 30^m$.

→ *Amore senza limiti*, durata $1^h 15^m$.

→ *Vacanze da paura*, durata $1^h 45^m$.

I film inizieranno tutti fra 10 minuti ed è previsto un intervallo di 15 minuti.

Quale film dovranno scegliere se non vogliono rischiare di perdere il treno?

....

Unità 11 PRIMI ELEMENTI DI GEOMETRIA

SCHEDE

1 Software di geometria dinamica: primi passi

START

Procurati un software di geometria dinamica (puoi collegarti al seguente indirizzo: **www.geogebra.org/download**).

Apri un programma di geometria dinamica. Vedrai una schermata nella quale sono presenti diversi pulsanti uno affiancato all'altro.

PASSO 1

Passa con il cursore sul pulsante simile a quello che vedi rappresentato di seguito, comparirà una scritta. **Riporta** la scritta accanto al disegno del pulsante.

Rifletti Secondo te, a che cosa serve questo pulsante?

Fai clic sulla schermata principale dopo aver selezionato questo pulsante. Che cosa succede?

PASSO 2

Adesso **passa** con il cursore sul pulsante simile a quello che vedi rappresentato di seguito, comparirà una scritta. **Riporta** la scritta accanto al disegno del pulsante.

Rifletti Secondo te, a che cosa serve questo pulsante?

Rifletti Nei programmi di geometria dinamica, ogni retta necessita di due punti per poter essere disegnata. Perché?

2 Piani e rette come marionette

START

Procurati del cartoncino o cartone, filo da cucito o spago, una cannuccia.

PASSO 1

Prendi una cannuccia e **immagina** che rappresenti una retta.
Lega un filo alla cannuccia e **tienila** sospesa afferrando il filo per l'estremità libera.
Osserva Che cosa fa la cannuccia? Rimane ferma o si muove?

....

....

....

Adesso **lega** un secondo filo alla cannuccia e **tienila** sospesa afferrando entrambi i fili per le estremità libere.

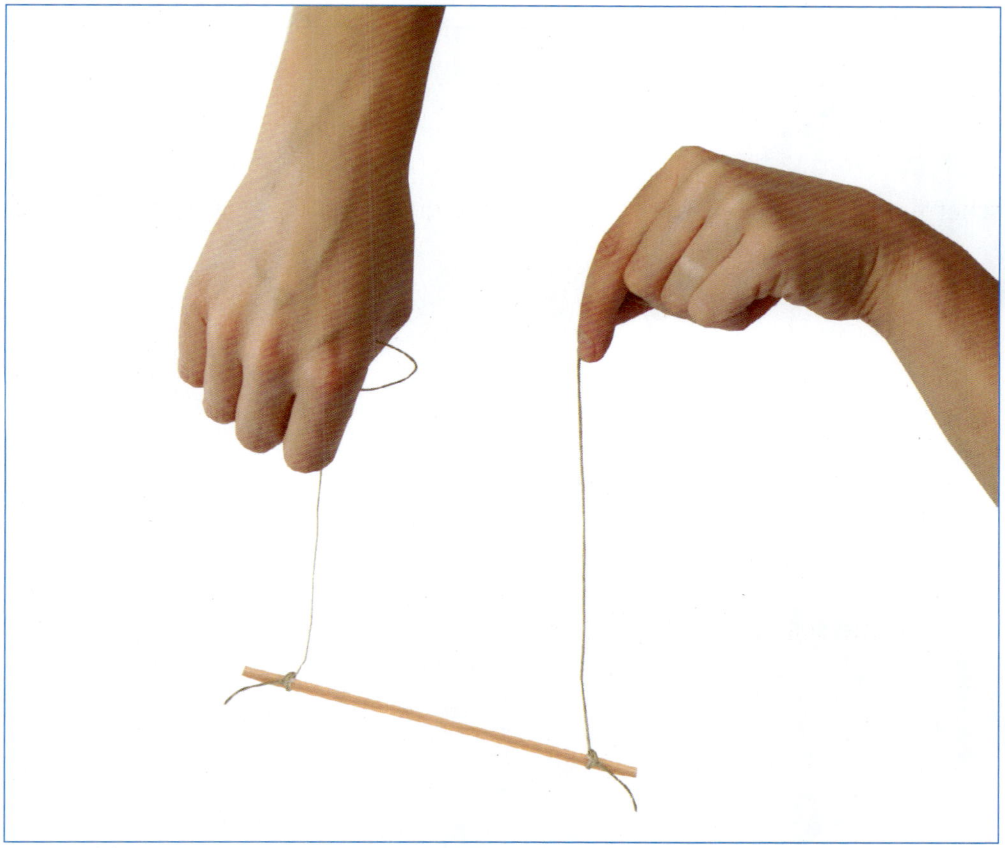

Osserva Che cosa succede adesso? La cannuccia rimane ferma o si muove?

....

....

....

PASSO 2

Prendi un pezzo di cartone e **immagina** che rappresenti un piano, **fissa** un capo di un filo al piano e tieni il piano sospeso.
Osserva Che cosa succede? Il piano rimane fermo o si muove?

....

....

Fissa un secondo filo al piano e **tieni** il piano sospeso afferrando i due fili.
Osserva Che cosa succede?

....

....

....

Rifletti Quanti fili saranno necessari per far star fermo il piano?

....

....

3 Tiro al bersaglio

START

Procurati due monete, due dadi a sei facce di colori diversi e due coppie di dischetti di carta degli stessi colori dei dadi (una coppia di un colore e una coppia dell'altro).

Prendi una moneta e attacca sulle sue facce due dischetti di carta dello stesso colore, poi scrivi da una parte il simbolo +, dall'altro il simbolo –. Fai lo stesso con un'altra moneta, usando i dischetti dell'altro colore.

PASSO 1

Tira sia i dadi e sia le monete.

Usa i valori che ottieni dalla moneta e dal dado di uno stesso colore come ascissa di un punto e quelli ottenuti dall'altra moneta e dall'altro dado come ordinata del punto.

Segna il punto ottenuto sul seguente piano cartesiano.

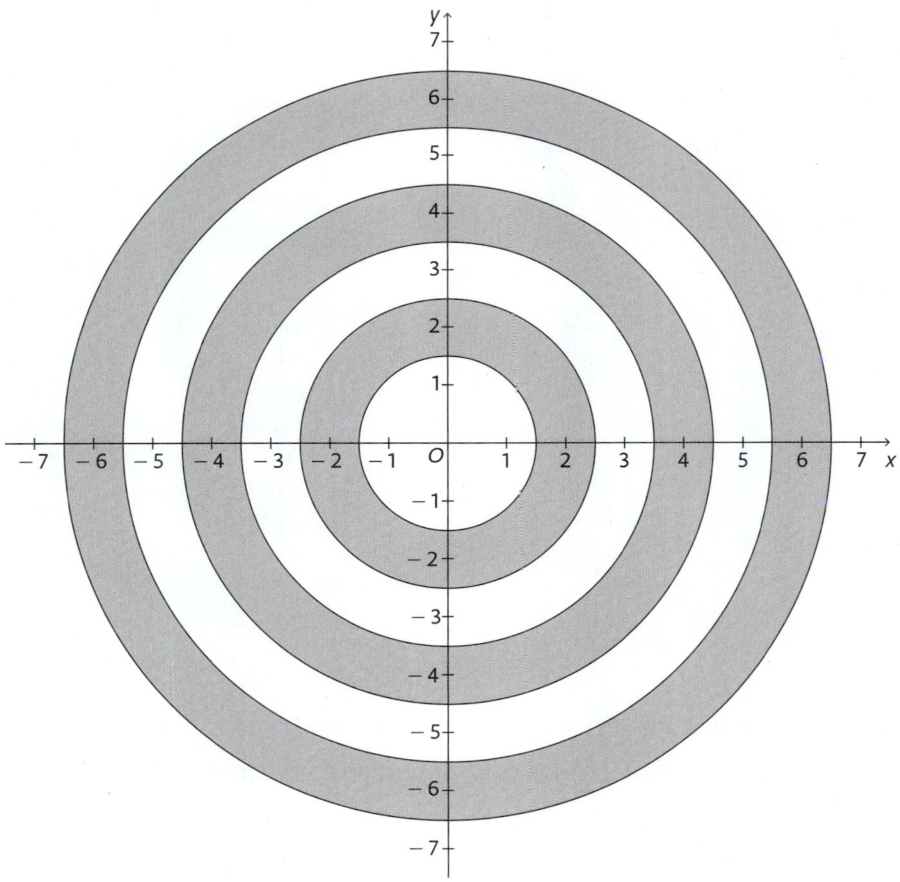

PASSO 2

Sfida un tuo amico: usate la moneta e il dado per trovare dei punti che ciascuno segnerà con un colore diverso. **Vince** chi riesce per primo a mettere almeno un punto in ciascuna delle sezioni del bersaglio.

Esercizi di consolidamento

1 Susanna ha disegnato un punto sulla vista grafica di un programma di geometria dinamica. Successivamente usa il comando per tracciare una retta ma, dopo aver fatto clic sul punto già disegnato, si rende conto che muovendo il mouse, la retta gira intorno al punto.

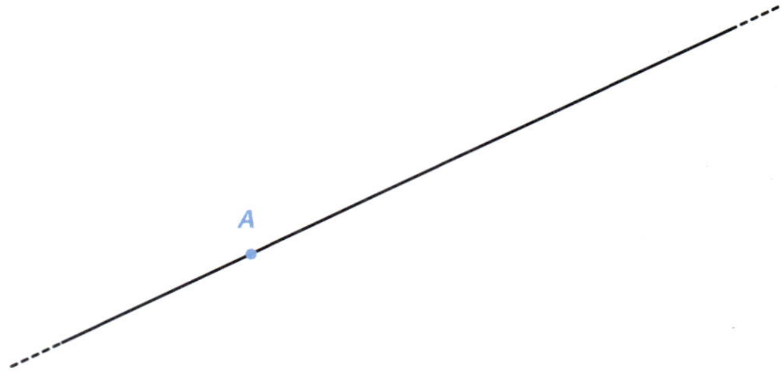

Per quale motivo la retta di Susanna gira? Che cosa dovrebbe fare per bloccare la sua retta?

....

....

....

2 **SFIDA** Costantino e Saverio stanno giocando al gioco del bersaglio. Costantino segna i suoi punti con il colore blu, Saverio usa il rosso.

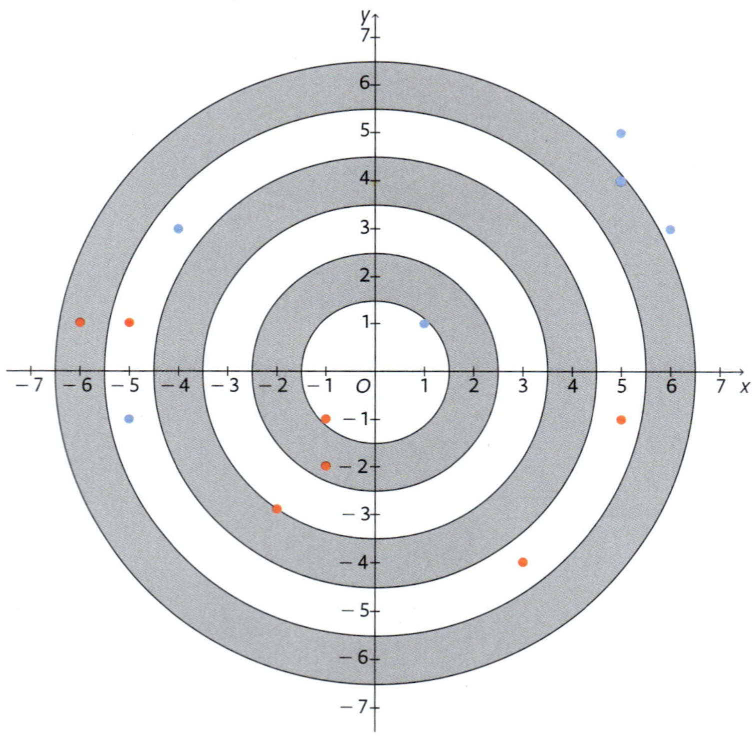

Entrambi sono vicini alla vittoria. Quanti punti mancano a Saverio per vincere? Quali punti gli permetterebbero di vincere? Che cosa si può dire invece di Costantino?

....

....

È il turno di Saverio. Se fossi al suo posto, quale combinazione di dadi e monete vorresti che uscisse?

....

....

Unità 12 PARTI DI RETTA

SCHEDE

1 Segmenti con programmi di geometria dinamica

START

Procurati un computer (o anche una LIM) con software di geometria dinamica (puoi collegarti al seguente indirizzo: **www.geogebra.org/download**).

Osserva Facendo clic sul pulsante Retta compare un menu a tendina che contiene numerosi altri comandi, fra i quali il comando Segmento (osserva l'immagine d'esempio qui accanto).

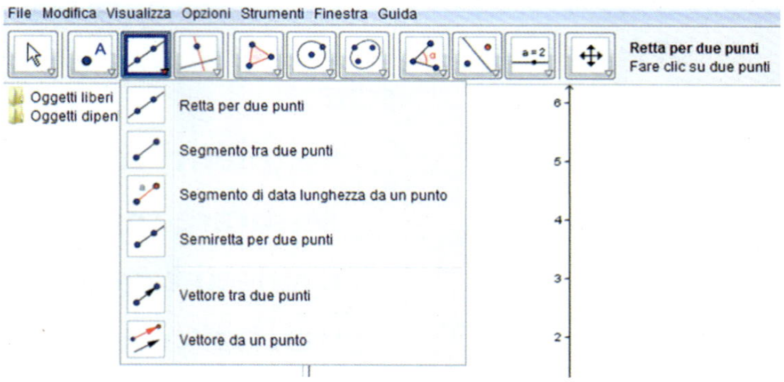

PASSO 1

Rifletti Per poter disegnare un segmento è necessario indicare un certo numero di punti. Quanti?

....

....

....

PASSO 2

Disegna un segmento. Poi **disegna** un secondo segmento che abbia un estremo in comune con il segmento già disegnato.

Continua così finché non avrai ottenuto una spezzata composta da 5 segmenti.

PASSO 3

Seleziona il comando Muovi, cioè un pulsante simile a questo .

Fai clic su uno degli estremi della spezzata e, tenendo premuto, **sposta** il cursore.

Osserva Che cosa succede?

....

....

....

Prova a muovere uno degli estremi della spezzata in modo da farlo coincidere con l'altro, otterrai una linea spezzata chiusa, disegnala su un foglio.

2 Misurare segmenti

START

Procurati carta e matita, un compasso.

Considera i due seguenti segmenti.

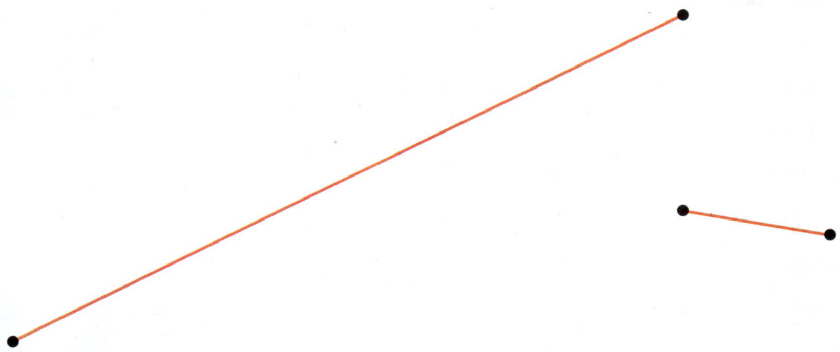

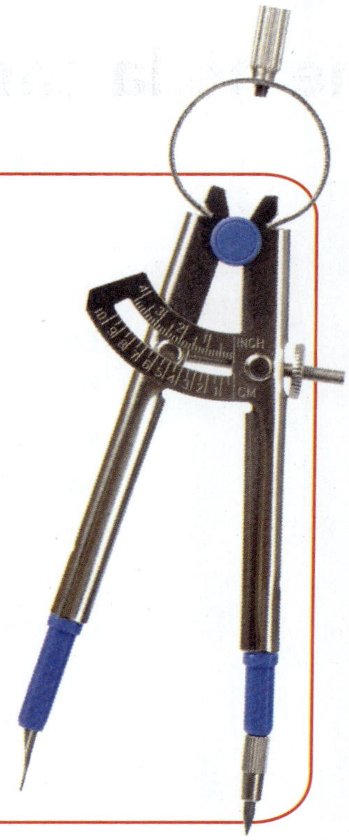

Si vuole misurare il segmento più lungo utilizzando quello più corto come unità di misura.

PASSO 1

Descrivi la procedura che seguiresti per effettuare questa misura utilizzando il compasso.

Applica la procedura che hai immaginato: che cosa scopri?

Completa: il segmento più piccolo è contenuto nel segmento più grande esattamente ...... volte.

PASSO 2

Rifletti In questo caso il segmento piccolo è contenuto in quello più lungo un numero intero di volte. Che cosa si può fare quando invece avanza un pezzetto?

3 Come si taglia una cannuccia?

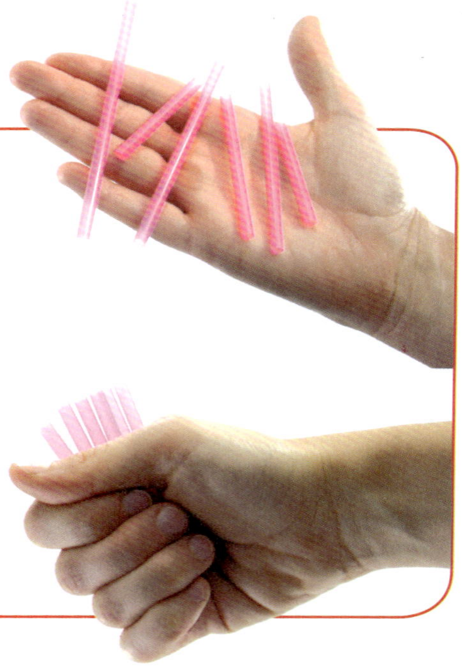

START

Procurati carta, penna e alcune cannucce.

Leggi il seguente brano.

"Chiara vuole giocare con i suoi amici a pallavolo. Per sorteggiare le squadre hanno deciso di fare la pesca delle cannucce: una persona prende in mano delle cannucce più lunghe e altre più corte e le chiude nel pugno in modo che gli estremi delle cannucce che escono siano tutti della stessa lunghezza.

Ciascun ragazzo pesca una cannuccia; quelli con le cannucce più lunghe formeranno una squadra, gli altri saranno l'altra squadra."

PASSO 1

Chiara decide di preparare le cannucce per il sorteggio delle squadre. Prende le cannucce che ha in casa. Vuole tagliare ciascuna cannuccia in modo da ottenere un pezzo corto e un pezzo lungo. Vorrebbe tagliare la cannuccia in modo che la parte lunga sia il doppio della parte corta.

Rifletti Come dovrà tagliare la cannuccia?

Spiega il procedimento che seguiresti tu.

....

....

....

....

....

....

PASSO 2

Confronta il tuo procedimento con quello dei tuoi compagni. Che differenze ci sono?

....

....

....

....

....

....

Esercizi di consolidamento

1 Costruisci un segmento usando il comando Segmento - lunghezza fissa (simile a questo) del software di geometria dinamica.
Che indicazioni hai dovuto dare per disegnare il segmento?

Prova a usare il comando Muovi per spostare un punto. Che cosa succede? Giustifica la tua risposta.

2 Costruisci una semiretta usando il comando specifico Semiretta (simile a questo) del software di geometria dinamica.
Quanti punti ti sono serviti per disegnare la semiretta?

Il primo punto rappresenta l'origine della semiretta. L'altro punto che cosa individua?

Prova a usare il comando Muovi per spostare il primo punto. Che cosa succede alla semiretta?

3 Giuseppe vuole preparare delle cannucce corte e delle cannucce lunghe, proprio come Chiara nella Scheda 3. Giuseppe ha delle cannucce lunghe 20 cm e vuole dividerle in modo che la parte più lunga superi la parte più corta esattamente di 4 cm.
Quale sarà la lunghezza della parte lunga? E di quella corta?

4 Due segmenti sono uno il doppio dell'altro. La differenza fra le lunghezze dei due segmenti è di 3 cm.
Quanto sono lunghi i segmenti?
Disegna i segmenti e risolvi il problema.

5 La somma delle lunghezze due segmenti è 40 cm. La loro differenza è 8 cm. Quanto sono lunghi i due segmenti?
Disegna i segmenti e risolvi il problema.

6 La somma delle lunghezze di tre segmenti è pari a 50 cm. La differenza fra le lunghezze del primo e del secondo segmento è di 10 cm mentre la differenza fra quelle del secondo e del terzo è di 5 cm.
Qual è la lunghezza di ciascuno dei tre segmenti?
Disegna i segmenti e risolvi il problema.

Unità 13 GLI ANGOLI

SCHEDE

1 Stima di angoli

START

Procurati del cartoncino e un fermacampione.
Ritaglia due strisce di cartoncino uguali fra loro.
Fai un piccolo foro vicino a un estremo di ciascuna delle due strisce, quindi **unisci** le due strisce con un fermacampione.

PASSO 1

Apri le strisce in modo che formino fra loro un angolo retto.

PASSO 2

Modifica l'angolo fra le due strisce a tuo piacimento, poi **ridisegna** l'angolo ottenuto.

PASSO 3

Rifletti Quanto pensi che possa misurare all'incirca l'angolo che hai disegnato?

....

....

....

2 Il goniometro

START

Procurati carta e matita, un goniometro.
Leggi il seguente brano.
"Clara misura con il suo goniometro l'angolo compreso fra i due segmenti disegnati. Per farlo posiziona il goniometro come vedi in figura.

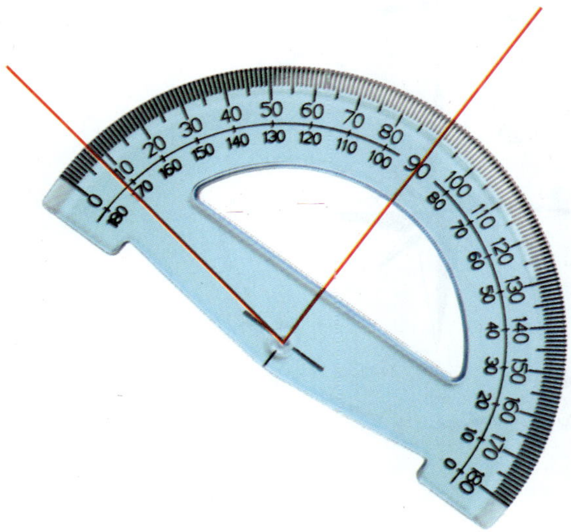

Clara sostiene che l'ampiezza dell'angolo misuri circa 90°."

PASSO 1

Rifletti Secondo te Clara ha ragione? Giustifica la risposta.

....

....

....

PASSO 2

Usa il tuo goniometro per **disegnare** un angolo che abbia un'ampiezza che misura 90°.

3 La bussola

START

Procurati carta e matita, una bussola (facoltativo).

Osserva Di seguito vedi rappresentato il quadrante di una bussola, cioè il disegno che si trova sotto l'ago magnetico.

PASSO 1

Osserva Come potrai facilmente notare, intorno al quadrante sono scritti dei numeri.

Rispondi alle domande.

Quale numero è scritto in direzione est (E)? ....

Quale numero è scritto in direzione sud (S)? ....

Quale numero è scritto in direzione ovest (W)? ....

Quale numero è scritto in direzione nord (N)? ....

PASSO 2

Rifletti Che cosa rappresentano, secondo te, i numeri riportati intorno al quadrante?

....

....

....

PASSO 3

Rifletti Se un tuo amico ti dicesse che sta camminando in direzione 45°, verso che punto cardinale si starebbe muovendo?

....

....

....

4 Percorsi con la bussola

START **Procurati** carta e matita, un righello e una bussola.

PASSO 1

Scegli un punto all'interno della tua scuola, della tua casa o del tuo cortile.

Tenendo in mano la bussola, inizia a camminare e, ogni volta che cambi direzione, **scrivi** quanti passi hai fatto e in che direzione ti sei mosso fino a quel momento. Puoi specificare altre indicazioni, per esempio quello che vedi intorno a te, la presenza di gradini, il tipo di terreno su cui stai camminando ecc.

Numero di passi fatti	Direzione	Altre osservazioni

PASSO 2

Consegna il percorso che hai descritto nella tabella a un'altra persona, specificando il punto dal quale sei partito. **Chiedi** di ripetere il percorso seguendo le indicazioni che hai scritto e **verifica** se anche questa persona arriva allo stesso punto in cui tu avevi terminato il percorso.

PASSO 3

A partire dalla descrizione in tabella, **disegna** il percorso che hai fatto, in scala, su un foglio.

Usa un foglio quadrettato, indica dove si trova il nord e a quanti passi corrisponde 1 quadretto.

5 Angoli e problemi

START

Procurati carta e penna.
Considera il seguente problema.
L'angolo α e l'angolo β sono uno il triplo dell'altro. La differenza fra le misure delle loro ampiezze è uguale a 30°.
Quanto misurano l'ampiezza di α e l'ampiezza di β?

PASSO 1

Rappresenta gli angoli α e β sul tuo quaderno così come sono descritti nel testo del problema.
Proviamo a rappresentare le misure delle ampiezze degli angoli con dei segmenti. Dato che uno dei due angoli è il triplo dell'altro allora uno dei due segmenti dovrà essere lungo il triplo dell'altro.

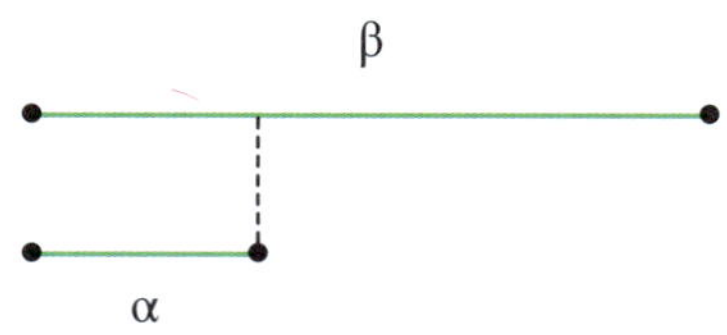

PASSO 2

Rifletti Uno dei due angoli è il triplo dell'altro. Come si potrebbe scrivere questa relazione con il linguaggio della matematica?

....

....

....

Come si potrebbe procedere per risolvere questo problema?

....

....

....

PASSO 3

Rifletti Quale rappresentazione ti ha aiutato di più nel trovare la soluzione?

....

....

....

Quale è stata più semplice da realizzare?

....

....

....

Esercizi di consolidamento

1 Disegna.

a. Un angolo di ampiezza maggiore di un angolo retto e minore di un angolo piatto.

b. Un angolo di ampiezza maggiore di un angolo piatto e minore di un angolo giro.

c. Un angolo di ampiezza minore di un angolo retto.

2 Disegna.

a. Un angolo di 45°.

b. Un angolo di 60°.

c. Un angolo di 125°.

d. Un angolo di 75°.

e. Un angolo di 190°.

f. Un angolo di 330°.

3 Marta e Lucio hanno fatto un percorso nel cortile della loro scuola e lo hanno descritto nella seguente tabella.

Numero di passi fatti	Direzione	Altre osservazioni
5	15°	Partenza di fianco al cassonetto
8	70°	
7	135°	
12	90°	
15	10°	
9	40°	
3	175°	Fermarsi di fronte all'albero

Rappresenta in scala il percorso fatto da Marta e Lucio.

4 L'angolo α ha ampiezza pari a un quarto di quella dell'angolo β. La somma delle due ampiezze è pari a 240°. Quanto misura l'ampiezza di ciascun angolo? Rappresenta il problema e risolvilo.

5 La somma delle ampiezze di due angoli vale 320° mentre la differenza è pari a 40°. Quanto misurano le ampiezze di ciascuno dei due angoli? Rappresenta il problema e risolvilo.

Unità 14 RETTE NEL PIANO

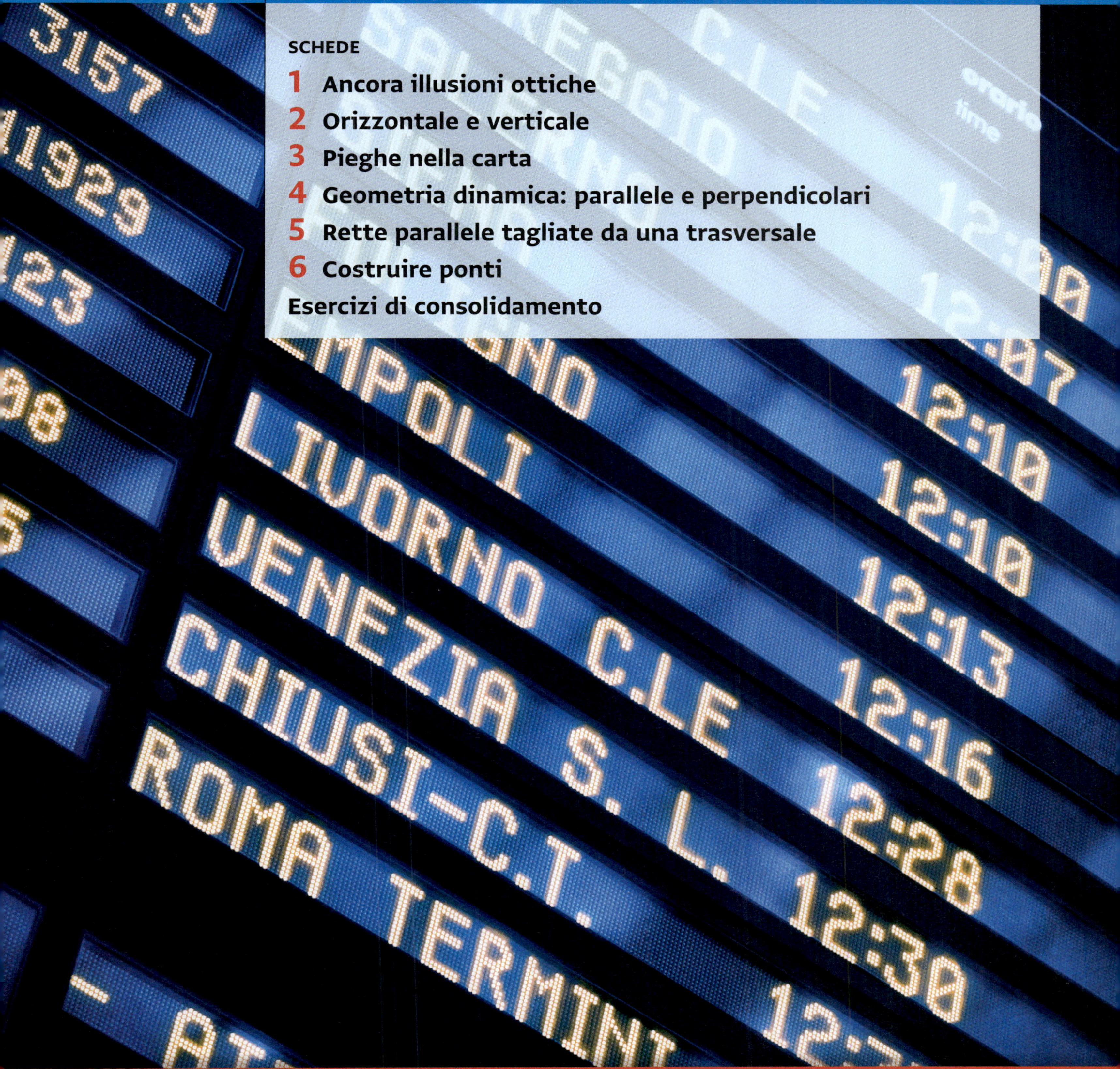

SCHEDE

1 Ancora illusioni ottiche

START

Procurati carta e penna, una riga e delle squadre.

Osserva la seguente immagine.

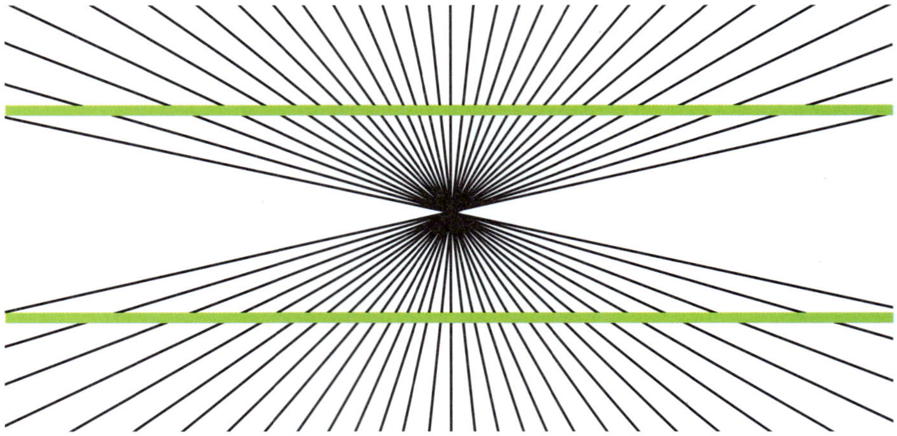

PASSO 1

Rifletti L'immagine contiene un'illusione ottica. Riesci a individuarla?

PASSO 2

Descrivi un metodo per svelare l'illusione ottica.

PASSO 3

Confronta il metodo che hai descritto con quelli dei tuoi compagni. Sono tutti i uguali?

2 Orizzontale e verticale

START

Procurati carta e penna, un pezzo di spago, una gomma e una livella (facoltativo).

PASSO 1

Lega la gomma a un'estremità dello spago, poi tienilo sospeso per l'estremità libera: **osserva** che lo spago si dispone lungo la verticale. Un dispositivo come questo, formato da una corda o uno spago con un peso fissato a un'estremità, si chiama "filo a piombo".
Prendi il filo a piombo e usalo per tracciare una linea verticale sulla lavagna o su un cartellone appeso al muro.
Traccia ora una linea orizzontale che incroci la linea verticale che hai già disegnato, eventualmente aiutati con una livella.

PASSO 2

Osserva Che angolo formano le due linee che hai tracciato?

....

PASSO 3

Disegna una linea perpendicolare a quella disegnata di seguito.

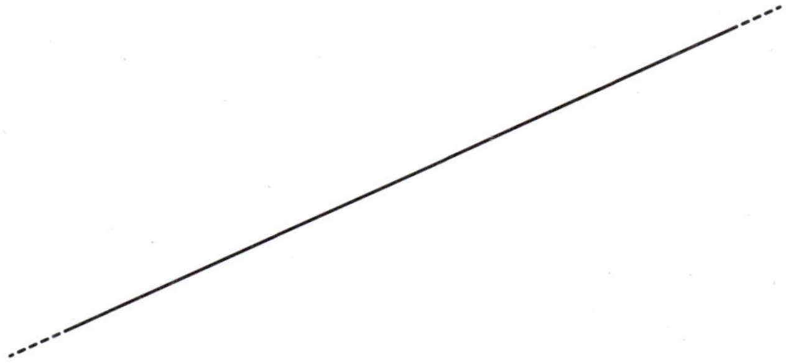

Rifletti Queste le due linee sono una orizzontale e l'altra verticale?

....

3 Pieghe nella carta

START

Procurati carta e penna.
Prendi un foglio di carta qualsiasi e **piegalo** lungo una linea qualunque, poi **apri** il foglio.

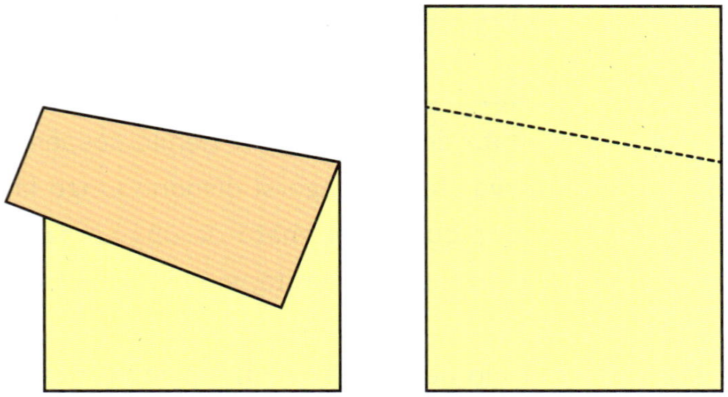

Adesso **piega** il foglio lungo un'altra linea, in modo che la piega già fatta si sovrapponga con se stessa.

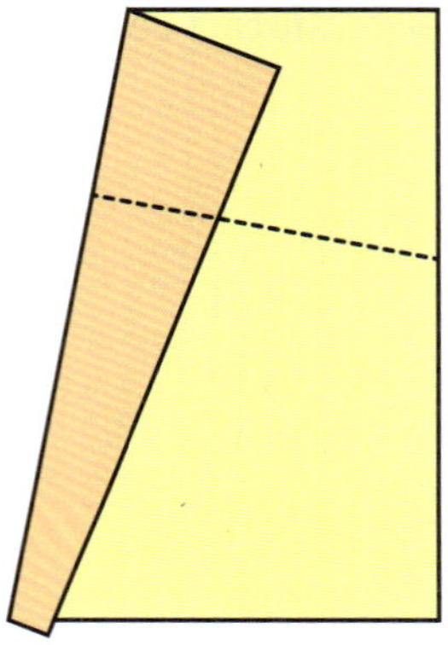

PASSO 1

Apri il foglio.
Osserva Come sono le due pieghe fra loro?

....

....

....

PASSO 2

Rifletti Come fai a stabilirlo?

....

....

....

4 Geometria dinamica: parallele e perpendicolari

START

Procurati carta e penna, un software di geometria dinamica (puoi collegarti al seguente indirizzo: **www.geogebra.org/download**).
Nei software di geometria dinamica sono presenti i pulsanti Retta perpendicolare e Retta parallela (**osserva** l'immagine d'esempio qui accanto).

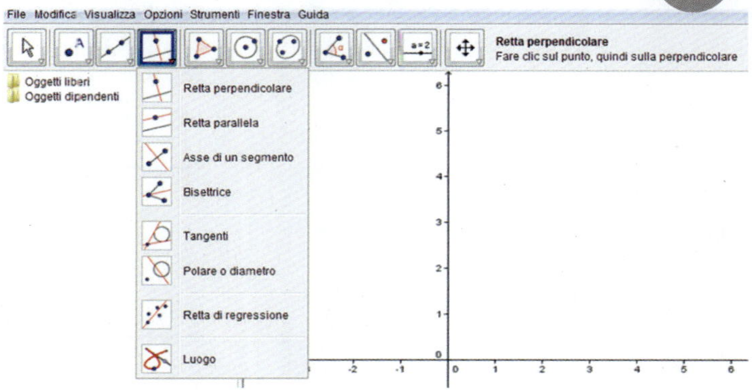

PASSO 1

Leggi il seguente brano.
"Stella sta lavorando con un software di geometria dinamica ed esegue le seguenti operazioni, in ordine."

- Disegna due rette e due punti, colorati di nero.
- Utilizza il comando Retta perpendicolare per ottenere la retta rossa.
- Utilizza il comando Retta parallela per ottenere la retta verde.

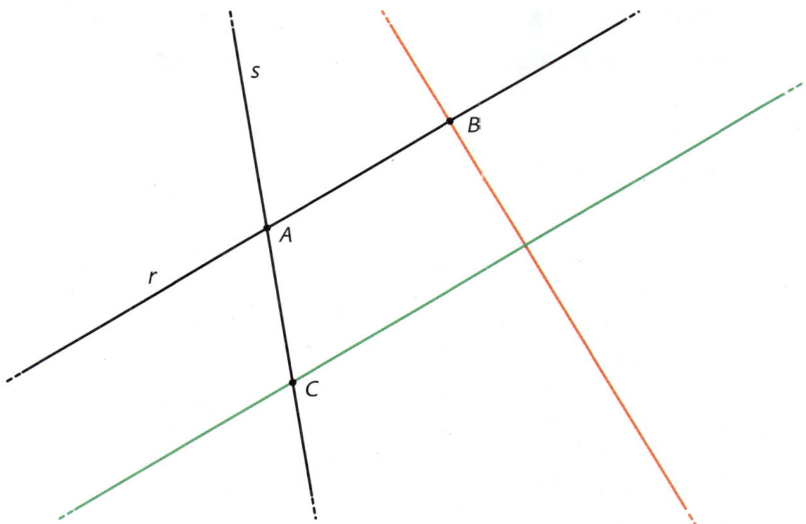

Rifletti Quale retta e quale punto ha selezionato Stella quando ha usato il comando Retta perpendicolare?

....

Quale retta e quale punto ha selezionato Stella quando ha usato il comando Retta parallela?

....

5 Rette parallele tagliate da una trasversale

START

Procurati carta trasparente e matite colorate.

Ricopia il seguente disegno su un foglio di carta trasparente.

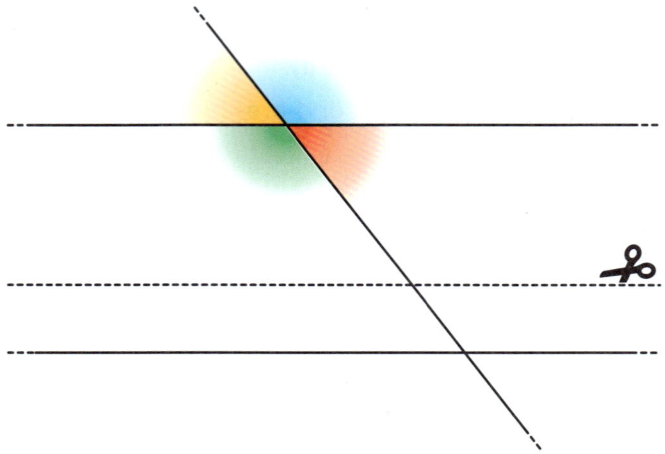

PASSO 1

Taglia il foglio in due in modo che ciascuna delle due rette parallele rimanga in una parte diversa.

Sovrapponi le due parti in modo che i due incroci fra rette si sovrappongano perfettamente.

Colora gli angoli non ancora colorati con lo stesso colore dei corrispondenti già colorati.

Ricomponi la figura originale.

Rifletti Che relazione c'è fra gli angoli dello stesso colore?

....

....

....

....

PASSO 2

Ricopia la figura su un nuovo foglio trasparente.

Ripeti tutte le operazioni del passo 1, questa volta però **sovrapponi** le due parti ribaltando una delle due.

Ricomponi infine la figura originale.

Rifletti Che relazione c'è fra gli angoli dello stesso colore?

....

....

....

....

6 Costruire ponti

START

Procurati carta e penna.

Osserva Le città di Riverside e Landville sono separate da un ampio fiume. I sindaci delle due città hanno deciso di costruire una strada per unirle. Ovviamente sarà necessario costruire un ponte.

PASSO 1

Traccia sulla figura, con una linea tratteggiata, il percorso più breve che potrebbe unire le due città.

PASSO 2

I sindaci si rendono conto che fare la strada più breve possibile richiederebbe la costruzione di un lungo ponte. Costruire un ponte così lungo prevederebbe costi notevoli.

Decidono quindi di cambiare il percorso in modo da realizzare il ponte più corto possibile.

Traccia sulla figura, con una linea rossa, il percorso che permette di realizzare il ponte più corto possibile.

PASSO 3

Rifletti Se ogni centimetro della figura corrisponde a 1 km, quanti kilometri di ponte vengono risparmiati con questa seconda soluzione? Quanti kilometri di strada in più devono essere realizzati?

....

....

....

Esercizi di consolidamento

1 Osserva la seguente immagine. Le linee disegnate sono parallele? ....

Giustifica la risposta.

....

....

....

....

2 Osserva la seguente immagine. Le figure rappresentate sono dei rettangoli?

Giustifica la risposta.

....

....

....

....

3 Prova a inventare un'illusione ottica in cui ci siano delle linee che, seppur parallele o perpendicolari, non lo sembrano. Prova poi a farla vedere a qualche tuo amico.

4 **SFIDA** Segui le seguenti indicazioni utilizzando gli strumenti da disegno oppure un software di geometria dinamica.

a. Disegna due punti in posizione qualsiasi, chiamali *A* e *B*.
b. Traccia la retta *r* passante per *A* e per *B*.
c. Traccia la retta *s* perpendicolare a *r* e passante per *A*.
d. Disegna un punto sulla retta *s* che non appartenga a *r*. Chiama *C* questo punto.
e. Disegna la retta *t* perpendicolare a *s* e passante per *C*.

Riporta il disegno ottenuto.

Che relazione c'è fra la retta *r* e la retta *t*?

....

....

....

5 Utilizzando soltanto la piegatura della carta costruisci su uno stesso foglio almeno due pieghe parallele. Descrivi il procedimento che hai seguito.

....

....

....

....

....

6 Osserva la seguente immagine che rappresenta due rette parallele tagliate da una retta trasversale.

Per ciascuna delle seguenti affermazioni indica se è vera o falsa.

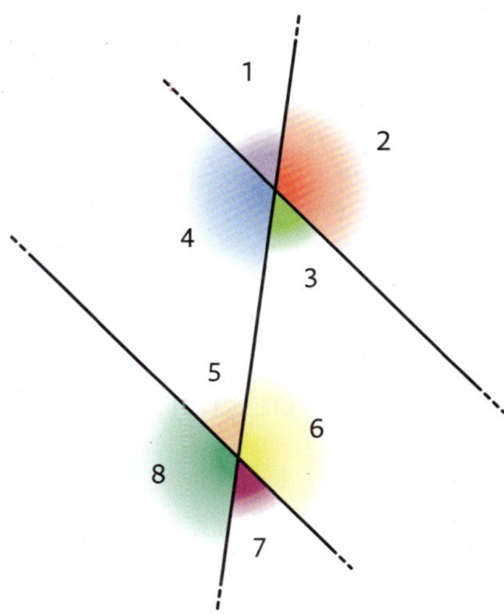

a. L'angolo 7 e l'angolo 2 sono supplementari. V F
b. L'angolo 3 e l'angolo 8 sono congruenti. V F
c. L'angolo 4 e l'angolo 5 sono alterni interni. V F
d. L'angolo 5 e l'angolo 3 sono congruenti. V F
e. L'angolo 2 e l'angolo 4 sono opposti al vertice. V F

7 Disegna sulla figura accanto:

- → la linea più breve che collega il punto *A* con il punto *B*;
- → la linea più breve che collega il punto *B* con il punto *D* passando per il punto *A*;
- → la linea più breve che collega il punto *C* con il segmento *AB*.

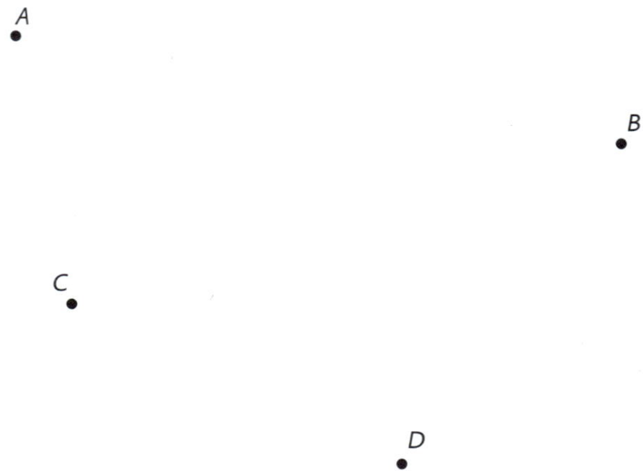

8 **SFIDA** Traccia la distanza fra le coppie di rette parallele che riesci a individuare nel seguente disegno.

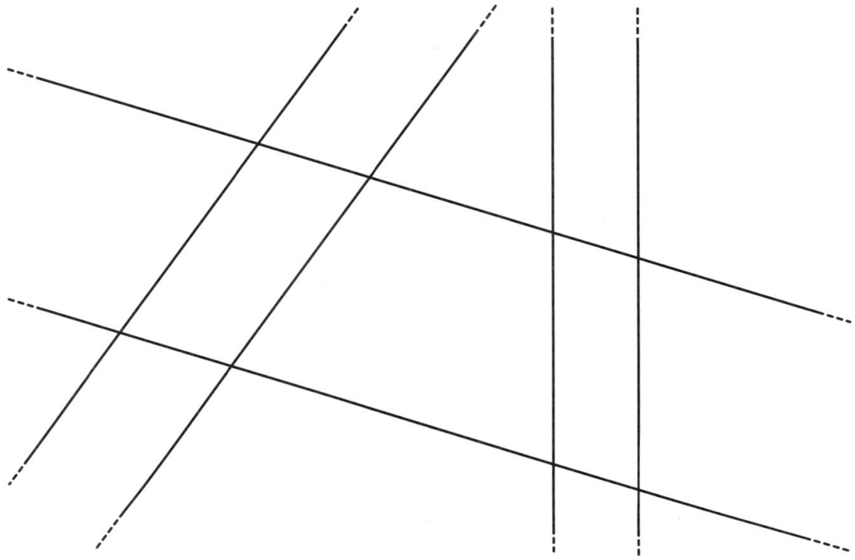

9 Le due rette disegnate di seguito non sono perpendicolari fra loro.

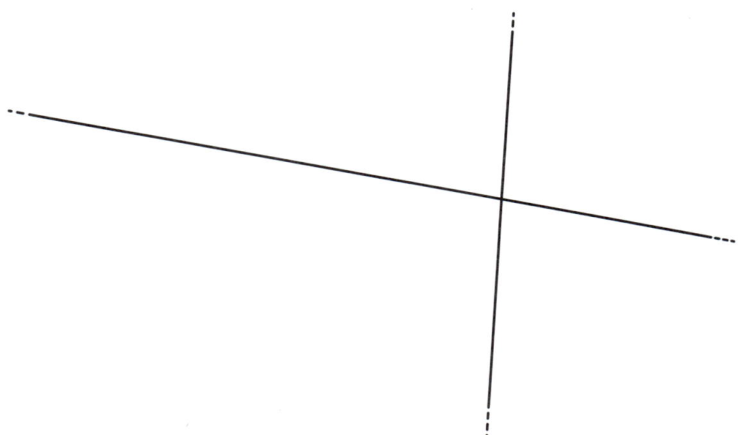

Descrivi almeno due metodi diversi per verificare che le due rette non sono perpendicolari.

....

....

....

Unità 15 I POLIGONI

SCHEDE

1 Che cos'è un poligono?

START

Procurati cannucce e spago.

PASSO 1

Taglia le cannucce in modo da ottenere 4 tubicini di lunghezza 6 cm, 4 cm, 5 cm, 3 cm.
Taglia un pezzo di spago lungo 25 cm e **fallo passare** dentro i pezzi di cannuccia.
Appoggia poi il modellino sul tavolo: i tubicini descrivono una linea spezzata che puoi deformare e modellare a tuo piacere.

PASSO 2

Leggi le indicazioni nella tabella ed **eseguile** usando lo spago, poi **disegna** quello che hai ottenuto.

Linea semplice aperta **Lo spago non si sovrappone a se stesso e gli estremi non si toccano**	**Linea semplice chiusa** **Lo spago non si sovrappone a se stesso e gli estremi combaciano**	**Linea intrecciata aperta** **Lo spago si sovrappone a se stesso e gli estremi non si toccano**	**Linea intrecciata chiusa** **Lo spago si sovrappone a se stesso e gli estremi combaciano**

PASSO 3

Rifletti Secondo te quale tipo di linea descrive un poligono?

☐ Linea semplice aperta
☐ Linea semplice chiusa
☐ Linea intrecciata aperta
☐ Linea intrecciata chiusa

PASSO 4

Riassumi quello che hai visto finora formulando una definizione di poligono.

Un poligono è l'insieme dei punti ....

....

....

2 Costruibilità di un triangolo

START

Procurati cannucce (possibilmente in tinta unita e di colore chiaro), spago, forbici e un pennarello indelebile.

Prepara 5 pezzi di cannucce di diversa lunghezza e scrivi su ciascuna la sua misura:

10 cm
3 cm
11 cm
7 cm
5 cm

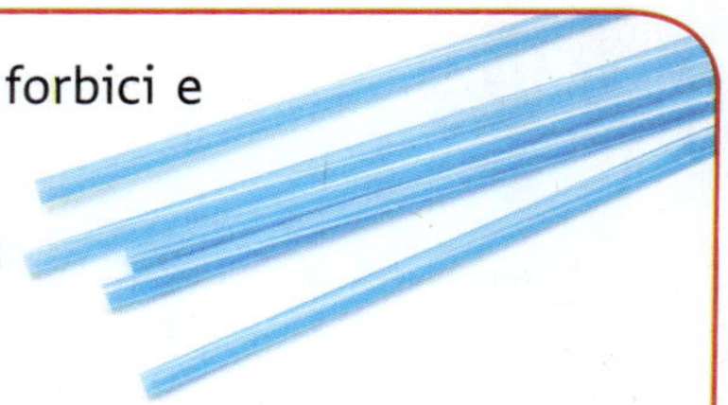

PASSO 1

Collega con lo spago le prime tre cannucce.

Osserva Riesci a chiudere la spezzata? ....

Quale figura hai ottenuto? ....

PASSO 2

Ora **sfila** la cannuccia lunga 11 cm e **sostituiscila** con quella lunga 7 cm.

Osserva Riesci a chiudere la spezzata? ....

Quale figura hai ottenuto? ....

Quale relazione lega le misure delle cannucce? ....

PASSO 3

Sfila la cannuccia lunga 7 cm e **sostituiscila** con quella lunga 5 cm.

Osserva Riesci a chiudere la spezzata? ....

Quale figura hai ottenuto? ....

PASSO 4

Scrivi le misure di tre cannucce che, insieme, formerebbero un triangolo.

....

....

Rifletti Secondo te, che relazione ci deve essere fra le misure delle cannucce perché si possa ottenere triangolo?

....

....

3 Il perimetro di un poligono

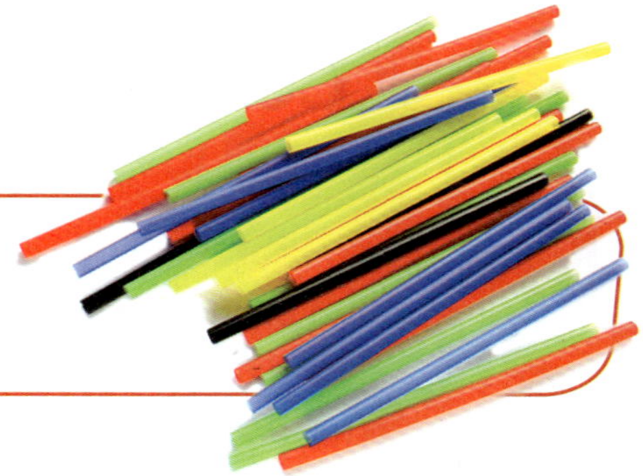

START

Procurati cannucce, spago e forbici.

PASSO 1

Costruisci un poligono usando 4 cannucce di lunghezza 5 cm, 6 cm, 3 cm, 7 cm, collegate con lo spago. Ora **apri** il poligono, **sfila** lo spago e **disponi** le cannucce in fila, una dopo l'altra.

Determina il perimetro del poligono: ....

Descrivi il procedimento che hai seguito.

....

....

PASSO 2

Utilizzando pezzi di cannuccia lunghi a tuo piacere, **costruisci** un triangolo che abbia un lato di 4 cm. **Disegna** il triangolo.

Osserva Qual è il suo perimetro? ....

Rifletti Puoi costruirne altri? ....

Se sì, fai un esempio: ....

PASSO 3

Utilizzando altri pezzi di cannuccia, **costruisci** un quadrilatero che abbia il perimetro di 24 cm. **Disegna** il quadrilatero.

Osserva Qual è il suo perimetro? ....

Rifletti Puoi costruirne altri? ....

Se sì, fai un esempio: ....

4 Diagonali di un poligono

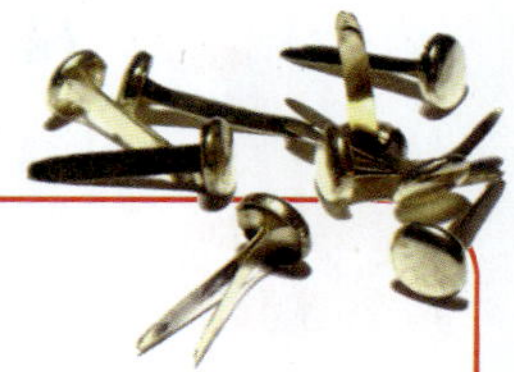

START

Procurati il coperchio di una scatola da scarpe, dei fili elastici di due colori diversi, sei fermacampioni e un paio di forbici.

Appoggia sul tavolo il coperchio della scatola in modo che la parte cava sia rivolta verso il basso e la parte piatta verso l'alto. Con la punta di una forbice **pratica** 6 forellini disposti come nella seguente figura (se vuoi puoi ricalcare i punti in figura su un foglio di carta da lucido e poi trasferire il foglio sopra la scatola).

Infila un fermacampione in ciascun forellino e **fissalo** al coperchio lasciandolo sporgere leggermente dalla superficie.

PASSO 1

Fai passare un filo attorno ai fermacampioni in modo che rimanga sempre teso.
Considera Che figura hai ottenuto?

Collega due vertici non consecutivi con un filo di colore diverso.
Rifletti Come si chiama il segmento che hai ottenuto?

Usando fili dello stesso colore, **traccia** tutte le diagonali del poligono, una sola volta ciascuna.
Stacca questi fili e contali: quanti sono?

PASSO 2

Ora **ripeti** l'esercizio eliminando un fermacampione.
Considera Che differenze ci sono?

Rifletti Che cosa succederebbe se togliessi un altro fermacampione?

5 Angoli interni

START Procurati della carta o del cartoncino, matite colorate o pennarelli, un paio di forbici e un righello.

PASSO 1

Disegna un triangolo sul cartoncino, poi ritaglialo lungo i lati.
Segna i suoi tre angoli con degli archetti di diverso colore.
Poi suddividi il triangolo in tre parti, ciascuna delle quali contenga uno solo dei tre angoli, come mostrato nella figura.

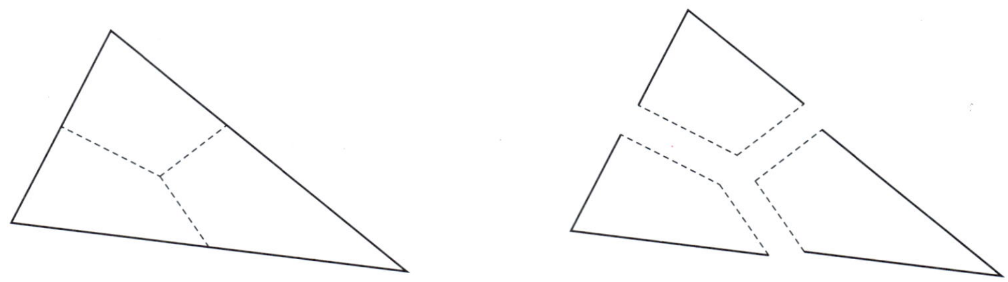

Ora riunisci i tre pezzi di cartoncino in modo da affiancare i tre angoli, uno di seguito all'altro, in modo che siano a due a due adiacenti.
Rifletti Che angolo hai ottenuto mettendo insieme i tre angoli?

....

....

PASSO 2

Su un altro cartoncino disegna un poligono con più di 3 lati, poi ritaglialo e segna i suoi angoli interni con degli archetti colorati.
Osserva Quanti lati ha il poligono?

....

....

Traccia tutte le diagonali che partono da un vertice, dividendo così il poligono in triangoli.
Ritaglia i triangoli.
Osserva Quanti triangoli hai ottenuto?

....

Rifletti Come potresti determinare la somma degli angoli interni di un poligono?

....

....

6 Piegare un poligono

START

Procurati carta e matita, un paio di forbici.
Copia su un foglio di carta il seguente poligono e poi **ritaglialo**.

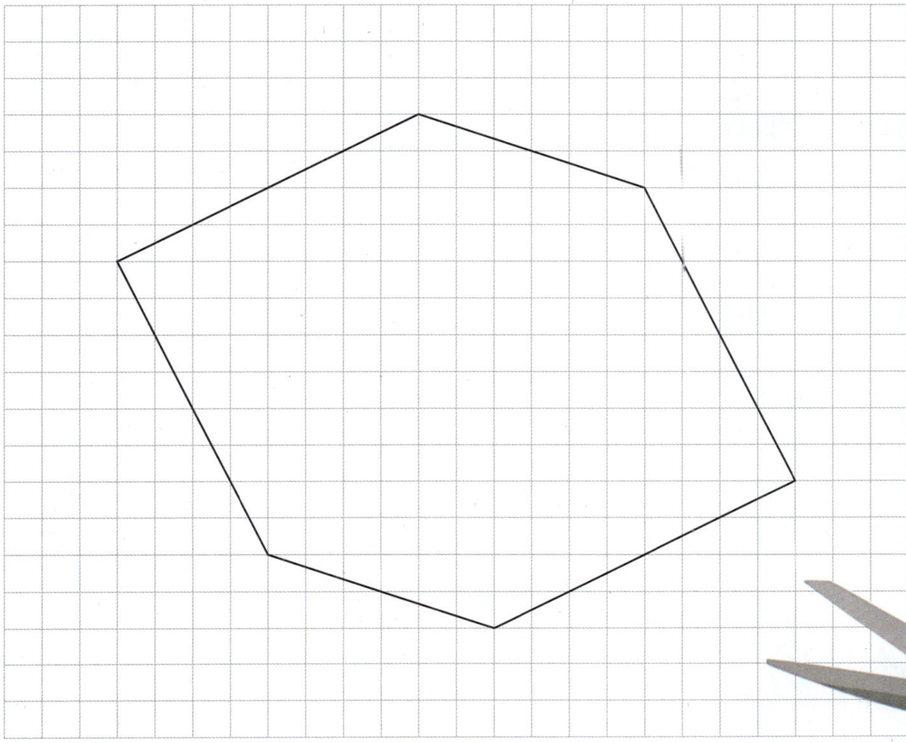

PASSO 1

Prova a piegare il poligono a metà in modo che una parte combaci perfettamente con l'altra.
Riapri il poligono e **ripassa** la piega con una linea tratteggiata (puoi aiutarti con il righello).

PASSO 2

Rifletti Riesci a trovare un'altra piega che permetta di far combaciare perfettamente una parte del poligono sull'altra?

....

Se sì, **traccia** una linea tratteggiata lungo questa piega.

PASSO 3

Disegna sulla figura iniziale tutte le linee tratteggiate che hai disegnato sul tuo foglio di carta.

Esercizi di consolidamento

1 Costruisci con le cannucce delle linee spezzate che soddisfino le descrizioni riportate nella tabella, poi scrivi accanto a ciascuna descrizione il numero di pezzi di cannuccia che hai usato e la loro misura, infine disegna la figura che hai ottenuto.

Descrizione	Numero di pezzi	Misure dei pezzi	Disegno della spezzata ottenuta
Linea spezzata aperta semplice			
Linea spezzata chiusa semplice			
Poligono di cinque lati			
Poligono di tre lati			
Linea spezzata aperta di tre lati che non possa essere chiusa legando le estremità			

2 Usando cannucce e spago costruisci due poligoni isoperimetrici, cioè con lo stesso perimetro (scegli tu il perimetro e il numero di lati). Disegna i poligoni che hai costruito.

3 Costruisci con le cannucce un poligono con quattro lati lunghi 6 cm, 4 cm, 9 cm, 3 cm. Quanto misura il suo perimetro?

....

Descrivi il metodo usato per trovare la risposta.

....

....

....

4 Calcola il perimetro di un poligono i cui lati misurano 5 cm, 4 cm, 5 cm, 4 cm.

....

Descrivi il procedimento che hai seguito per trovare la risposta.

....

....

....

5 Immagina di dover costruire un triangolo di perimetro 18 cm usando dei pezzi di cannuccia, in modo che:

a. il primo lato sia a piacere;
b. il secondo lato sia diverso dal primo lato;
c. il terzo lato sia lungo il doppio del primo.

Quanto dovrebbe misurare ciascun pezzo di cannuccia?

Primo lato: .... cm

Secondo lato: .... cm

Terzo lato: .... cm

Costruisci il triangolo di cannucce e verifica il tuo risultato. Disegna il triangolo ottenuto.

6 Completa la tabella scrivendo per ciascun poligono il numero di diagonali corrispondente.

Poligono	Numero diagonali	Poligono	Numero diagonali
Quadrilatero	2	Ettagono	
Pentagono	5	Ottagono	
Esagono		Ennagono	

7 Nel seguente poligono sono state disegnate solo alcune delle diagonali. Disegna le diagonali mancanti.

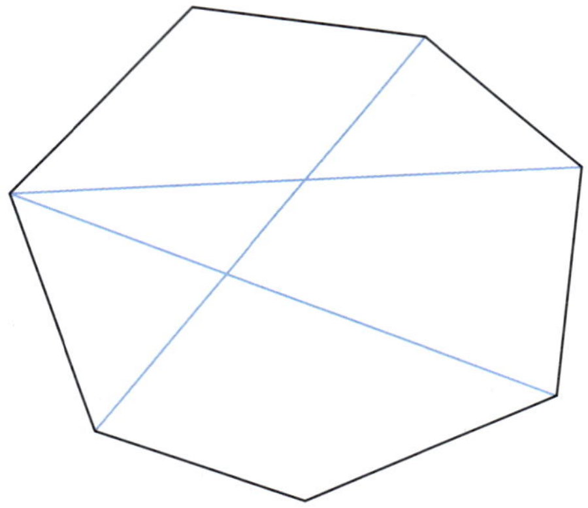

8 Completa la tabella scrivendo per ciascun poligono il valore della somma degli angoli interni espresso in gradi.

Poligono	Somma angoli interni	Poligono	Somma angoli interni
Triangolo		Esagono	
Quadrilatero	360°	Ettagono	
Pentagono		Ottagono	

9 Disegna su un foglio di carta e ritaglia le figure rappresentate di seguito. Indica con uno stesso colore quelle che, se piegate lungo un proprio asse di simmetria, diventano della stessa forma.

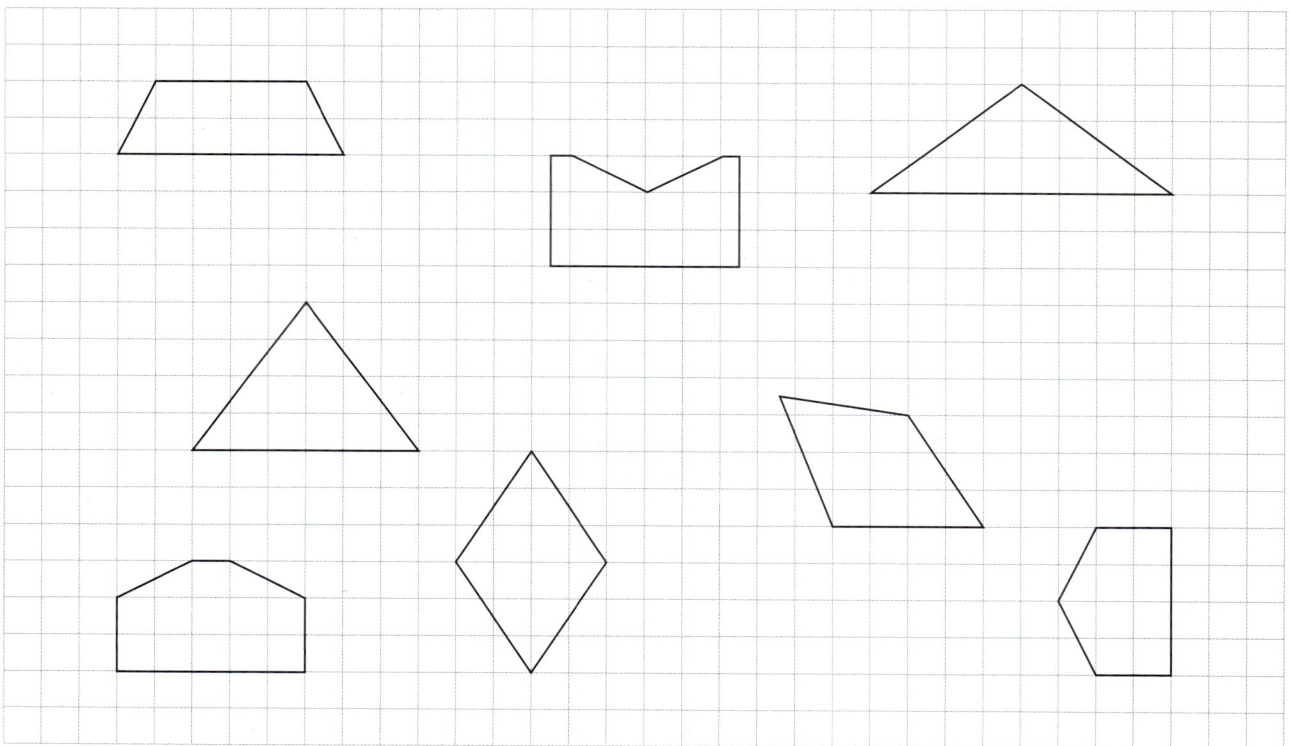

Unità 16 I TRIANGOLI

SCHEDE

1 Le altezze dei triangoli

START **Procurati** dei cartoncini, un paio di forbici, matita e riga, un filo a piombo ottenuto legando una gomma all'estremità di un pezzo di spago.

PASSO 1 **Prepara** tre triangoli di cartoncino. Il primo deve essere acutangolo, il secondo rettangolo e il terzo ottusangolo.

PASSO 2 **Prendi** il triangolo acutangolo e traccia le tre altezze relative ai tre lati. Per farlo segui il seguente procedimento:

- **appoggia** uno dei lati del triangolo sul bordo del tavolo, **tieni** il triangolo in verticale;
- **disponi** l'estremo del filo a piombo sopra all'unico vertice che non tocca il tavolo;
- **ripassa** con la matita la linea individuata dallo spago;
- **ripeti** l'operazione per ciascuno dei tre lati.

Usa un cartoncino rigido e fatti aiutare da un compagno.

PASSO 3 **Ripeti** le stesse operazioni del passo 2 con il triangolo rettangolo e il triangolo ottusangolo.
Rifletti Sei riuscito a tracciare l'altezza per tutti e tre i lati? Perché?

....

....

PASSO 4 **Usa** un software di geometria dinamica per disegnare un triangolo acutangolo.
Traccia le altezze relative a tutti e tre i lati.
Rifletti Quale comando potresti utilizzare al posto del filo a piombo?

....

Trasforma il triangolo muovendo uno dei suoi vertici.
Osserva Che cosa succede quando diventa ottusangolo? E quando diventa rettangolo?

....

....

2 Le mediane dei triangoli

START **Procurati** cartoncino, matita e righello, un filo da cucito.

PASSO 1

Prepara tre triangoli di cartoncino. Il primo deve essere acutangolo, il secondo rettangolo e il terzo ottusangolo.

PASSO 2

Prendi il triangolo acutangolo e **traccia** le sue mediane seguendo il seguente procedimento:

→ **usa** il righello per individuare il punto medio di un lato del triangolo;

→ **traccia** una linea che unisca il punto medio con il vertice opposto;

→ **ripeti** la stessa operazione per tutti e tre i lati.

PASSO 3

Ripeti le stesse operazioni con il triangolo rettangolo e il triangolo ottusangolo.
Rifletti Sei riuscito a tracciare la mediana per tutti e tre i lati? Perché?

....

....

....

PASSO 4

Realizza un piccolo foro in corrispondenza del punto in cui si incontrano le mediane.
Fai passare un pezzo di filo da cucito all'interno di questo forellino, poi **annoda** il filo in modo che non possa più passare attraverso il foro.
Tieni sospeso il triangolo tenendo in mano il filo.
Osserva Come si dispone il triangolo?

....

....

....

....

....

....

3 Le bisettrici dei triangoli

START

Procurati carta, penna e compasso.

PASSO 1

Prepara tre triangoli di carta. Il primo deve essere acutangolo, il secondo rettangolo e il terzo ottusangolo.

PASSO 2

Piega il triangolo acutangolo in modo che un vertice sia sulla piega e i due lati che si incontrano in quel vertice vadano a sovrapporsi uno sull'altro.
Riapri il triangolo e **ripassa** la piega con una linea tratteggiata.

Per tracciare la linea puoi aiutarti con il righello.

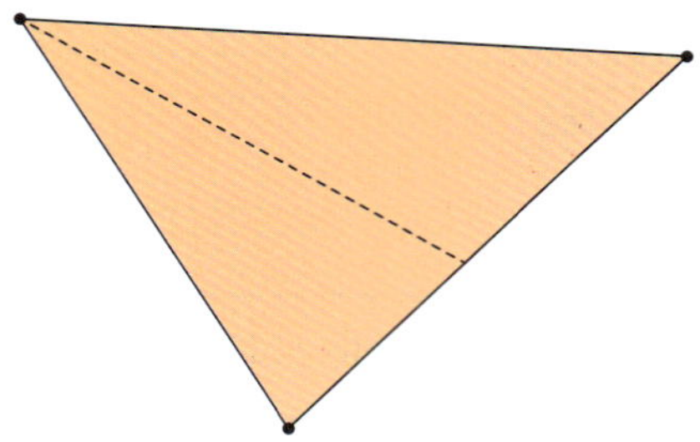

Dato che un lato è stato sovrapposto esattamente a un altro, la piega divide l'angolo fra essi compreso esattamente a metà. Quindi la linea tratteggiata è la bisettrice dell'angolo.
Disegna, nello stesso modo, anche le altre due bisettrici del triangolo.

PASSO 3

Misura la distanza fra il punto d'incontro delle bisettrici e un lato del triangolo.
Apri il compasso in modo che l'apertura coincida con la distanza misurata.
Posiziona il puntatore del compasso nel punto d'incontro delle bisettrici.
Traccia una circonferenza.
Rifletti Quale proprietà ha la circonferenza disegnata?

....

....

PASSO 4

Ripeti tutte le operazioni del passo 2 e del passo 3 anche per il triangolo rettangolo e il triangolo ottusangolo.
Osserva Che cosa ottieni?

....

....

4 Gli assi dei triangoli

START

Procurati carta, matita, righello e compasso.

PASSO 1

Prepara tre triangoli di carta. Il primo deve essere acutangolo, il secondo rettangolo e il terzo ottusangolo.

PASSO 2

Piega il triangolo acutangolo in modo che la metà di un lato vada a coincidere con l'altra metà dello stesso lato.
Riapri il triangolo e **ripassa** la piega con una linea tratteggiata.

Per tracciare la linea puoi aiutarti con il righello.

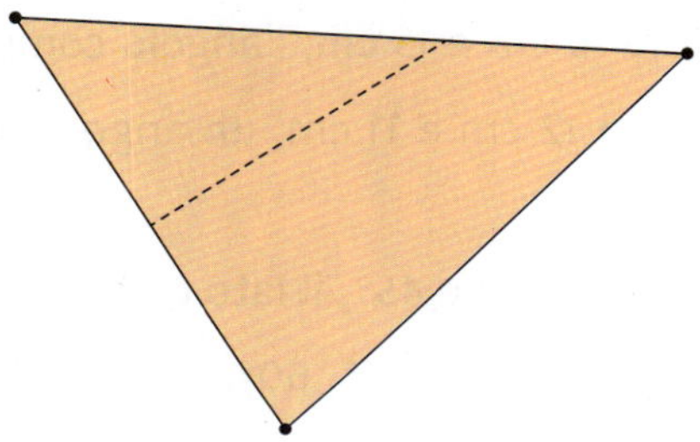

La piega divide il lato a metà ed è perpendicolare al lato stesso. Quindi la linea tratteggiata rappresenta l'asse di quel lato.
Disegna nello stesso modo anche gli altri due assi del triangolo.

PASSO 3

Incolla il triangolo su un foglio più grande.
Misura la distanza fra il punto d'incontro degli assi e un vertice del triangolo.
Apri il compasso in modo che l'apertura coincida con la distanza misurata.
Posiziona il puntatore del compasso nel punto d'incontro degli assi.
Traccia una circonferenza.
Rifletti Quale proprietà ha la circonferenza disegnata?

....

....

PASSO 4

Ripeti tutte le operazioni del passo 2 e del passo 3 anche per il triangolo rettangolo e il triangolo ottusangolo.
Osserva Che cosa ottieni?

....

....

5 Triangoli congruenti

START

Procurati carta (o cartoncino), matita, goniometro e righello.

PASSO 1

Disegna e **ritaglia** cinque triangoli, ciascuno dei quali deve corrispondere a una delle seguenti descrizioni.

→ Triangolo 1: le dimensioni dei suoi lati sono 8 cm, 9 cm e 12 cm.

→ Triangolo 2: ha due lati che misurano 10 cm e 15 cm, l'angolo compreso fra questi due lati misura 45°.

→ Triangolo 3: ha due lati che misurano 12 cm e 11 cm, un angolo **non** compreso fra questi due lati misura 60°.

→ Triangolo 4: ha due angoli che misurano 30° e 45°, il lato compreso fra questi due angoli misura 15 cm.

→ Triangolo 5: le misure dei suoi angoli sono 45°, 75°, 60°.

PASSO 2

Confronta i triangoli che hai ritagliato con quelli che sono stati realizzati dai tuoi compagni.
Rifletti In quali casi i triangoli ottenuti da te e dai tuoi compagni sono tutti uguali?

☐ Triangolo 1

☐ Triangolo 2

☐ Triangolo 3

☐ Triangolo 4

☐ Triangolo 5

PASSO 3

Rifletti Secondo te, dovendo descrivere un triangolo da disegnare, qual è il numero minimo di misure da dare e quali misure devono essere date?

....

....

....

....

....

Esercizi di consolidamento

1 Luca ha cercato di tracciare l'altezza di un triangolo di cartoncino utilizzando il filo a piombo. A lato trovi il disegno fatto da Luca.
Il disegno di Luca è sbagliato. Secondo te quale errore ha commesso?

....

....

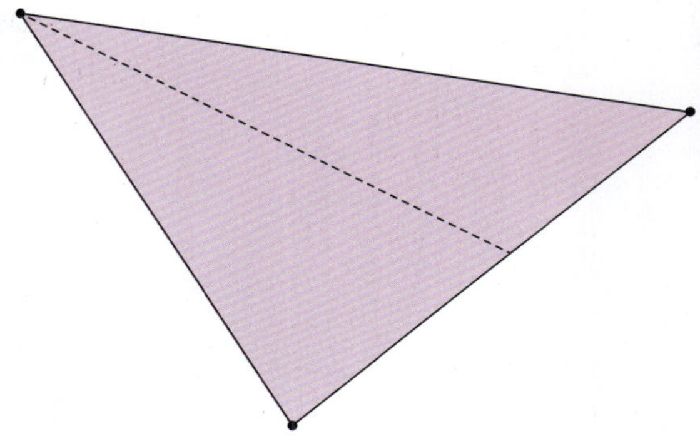

2 Larissa ha disegnato le altezze di un triangolo ottusangolo. Larissa è convinta che il triangolo ottusangolo non abbia un ortocentro perché le tre altezze non si incontrano nello stesso punto.
Modifica la figura in modo da convincere Larissa che anche il triangolo ottusangolo ha un ortocentro.

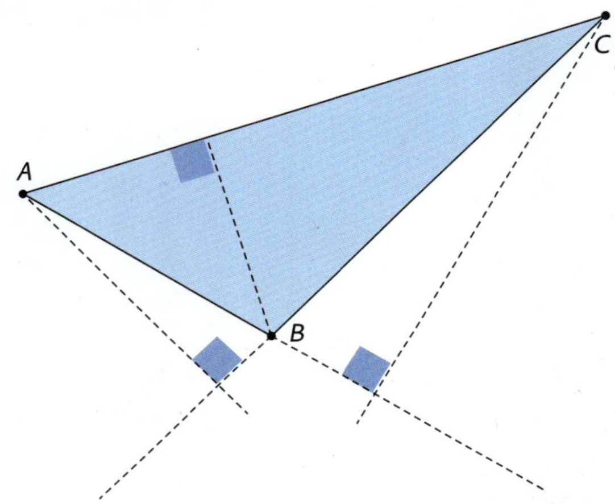

3 SFIDA Franco ha disegnato un triangolo con un software di geometria dinamica, le linee tratteggiate rappresentano le rette perpendicolari a ciascun lato che passano per il vertice opposto.
Franco vuole spostare il punto *A* in modo che le tre rette tratteggiate si incontrino nel punto *B*.
Disegna sulla figura il punto in cui Franco dovrebbe spostare il punto *A*.

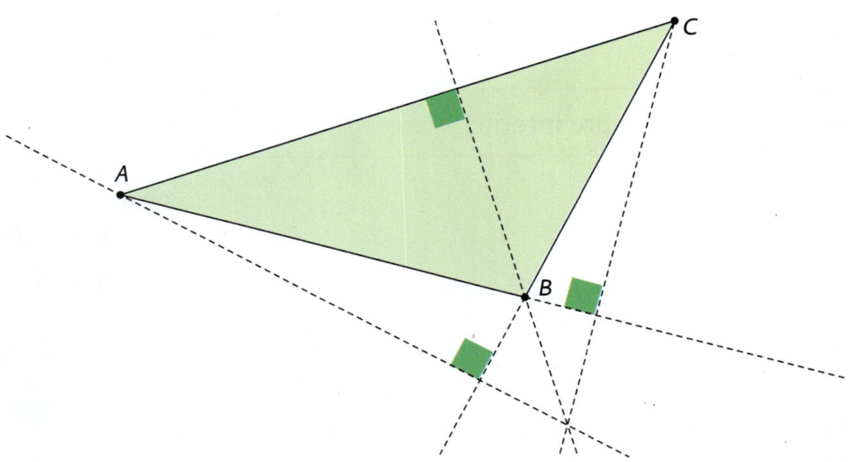

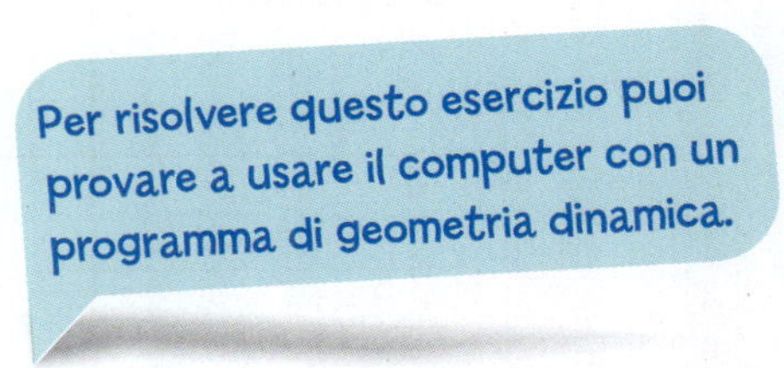

4 Per ciascuno dei seguenti triangoli individua l'incentro e misura la sua distanza da ciascuno dei lati.

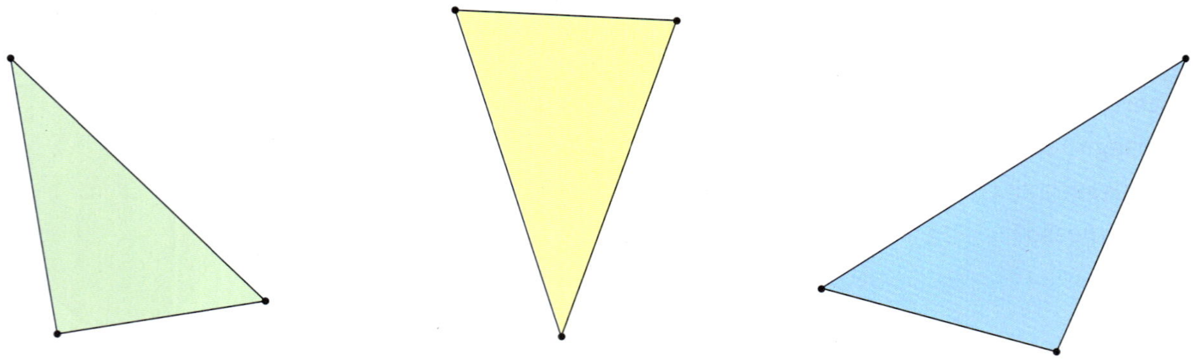

5 Per ciascuno dei seguenti triangoli individua il circocentro e misura la sua distanza da ciascuno dei vertici.

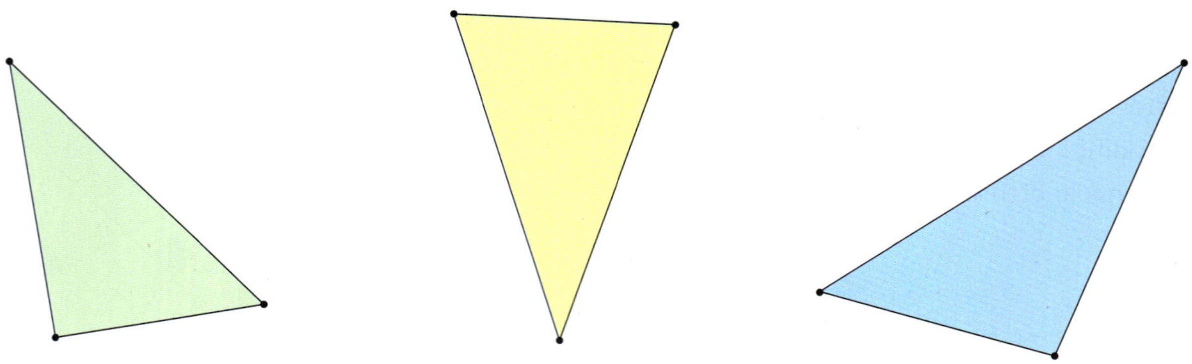

6 Completa la seguente tabella.

Nome del punto	Punto d'incontro di	Interno o esterno?	Segni particolari
Ortocentro			
		Sempre interno	
	Assi		È equidistante dai vertici

Unità 17 I QUADRILATERI

SCHEDE

1 Fra due rette parallele

START

Procurati un computer con un software di geometria dinamica, carta e matita (puoi collegarti al seguente indirizzo: **www.geogebra.org/download**).

PASSO 1

Costruisci, utilizzando il comando Retta parallela (indicato da un pulsante simile a questo), due rette parallele con distanza a piacere. Per costruire le rette ti serviranno almeno tre punti (non allineati). Una volta disegnate le rette **fai clic** con il tasto destro del mouse su questi punti e seleziona Mostra oggetto per renderli invisibili.

Disegna due punti aggiuntivi sulla prima retta e due sulla seconda.

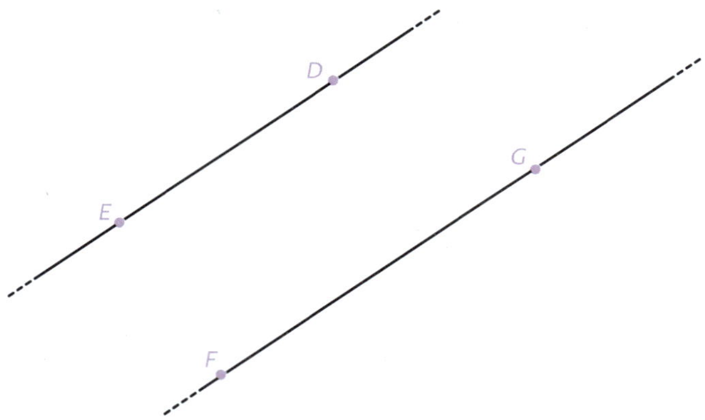

Muovi uno dei punti appena costruiti. Noterai che questi punti possono muoversi solo sulla retta, per questo motivo sono di un colore particolare.

Unisci i quattro punti *D*, *E*, *F*, *G* utilizzando il comando Poligono (simile a questo).

Osserva Che tipo di poligono hai ottenuto?

....

Rifletti Che cosa succede se i due segmenti, che appartengono alle rette, sono di uguale lunghezza?

....

PASSO 2

Muovi i punti *D*, *E*, *F*, *G*. Noterai che, per ogni movimento, il quadrilatero assume forme diverse. Disegna alcune delle forme che hai ottenuto.

Rifletti Che cosa hanno in comune le figure che hai disegnato? Come le chiameresti?

....

2 Quattro lati uguali

START

Procurati un computer con un software di geometria dinamica (puoi collegarti al seguente indirizzo: **www.geogebra.org/download**).

PASSO 1

Disegna con un software di geometria dinamica un segmento a piacere. **Costruisci** l'asse del segmento.
Costruisci un secondo segmento a piacere.
Usa il comando Compasso per costruire una circonferenza di raggio pari all'ultimo segmento disegnato e centrata nel punto medio del primo segmento.
Disegna i punti d'intersezione dell'asse e della circonferenza.

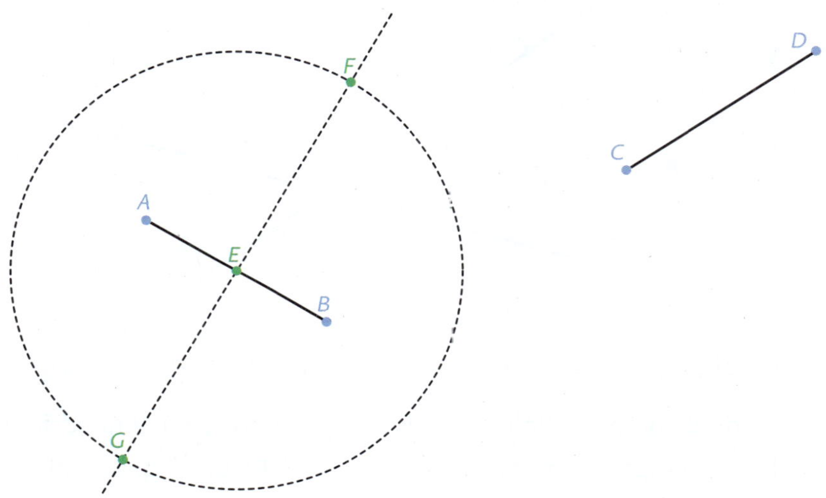

I punti così ottenuti sono *G*, *E*, *F* perché la loro posizione è vincolata a quella di altre due figure, e quindi non possono essere spostati autonomamente.
Unisci i quattro punti usando il comando Poligono .
Osserva Quale figura hai ottenuto?

....

PASSO 2

Muovi i punti blu.
Osserva che cosa succede.
Rifletti Quali figure riesci a ottenere muovendo i punti blu *A*, *B*, *C*, *D*? Che cosa hanno in comune?

....

Disegnane alcune.
Rifletti È possibile ottenere un poligono equiangolo?

....

3 Se le diagonali si dividono a metà...

START

Procurati un computer con un software di geometria dinamica (puoi collegarti al seguente indirizzo: **www.geogebra.org/download**).

PASSO 1

Disegna con un software di geometria dinamica tre punti *A*, *B*, *C* non allineati.
Traccia la retta passante per *A* e per *B* e la retta passante per *A* e per *C*.
Disegna, sulla retta passante per *A* e per *C*, un punto *D* che si trovi dal lato opposto di *A* rispetto a *C*.
Disegna, sulla retta passante per *A* e per *B*, un punto *E* che si trovi dal lato opposto di *A* rispetto a *B*.

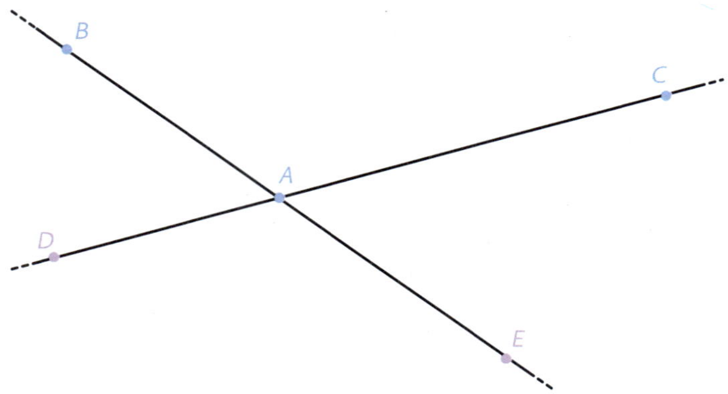

Traccia, usando il comando Poligono (simile a questo 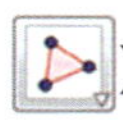), il quadrilatero *CEDB*.
Osserva Che cosa rappresentano i segmenti *DC* e *BE* per il quadrilatero?

....

PASSO 2

Sposta i punti *D* ed *E* in modo che *A* si trovi esattamente a metà fra *B* ed *E* e a metà fra *D* e *C*.
Disegna il quadrilatero che hai ottenuto.

Osserva Di che tipo di quadrilatero si tratta?

....

4 Una famiglia di rettangoli

START

Procurati un computer con un software di geometria dinamica, carta e penna (puoi collegarti al seguente indirizzo: **www.geogebra.org/download**).

Apri il file del software di geometria dinamica relativo a questa scheda.
Nella videata che si aprirà vedrai il rettangolo *ABCD* e uno slider che permette di modificare la lunghezza del lato *a* del rettangolo.

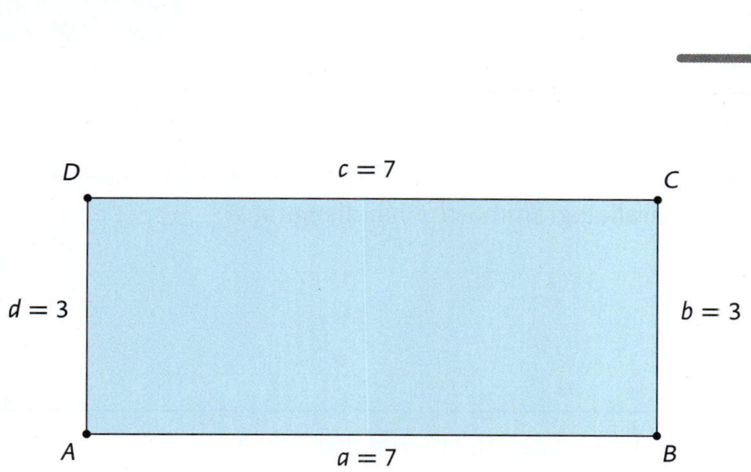

Muovi il cursore dello slider, il rettangolo cambierà il suo aspetto.

PASSO 1

Osserva Qual è il valore minimo che può essere assunto dalla lunghezza del lato *a*?

....

Qual è il valore massimo?

....

PASSO 2

Rifletti Il rettangolo si trasforma seguendo sempre una regola.
Riesci a spiegare qual è questa regola?

....

....

....

....

....

5 Assi di simmetria dei parallelogrammi

START

Procurati carta, matita e un paio di forbici.

PASSO 1

Disegna su un foglio di carta un parallelogramma, poi **ritaglialo**.
Se il tuo parallelogramma ha degli assi di simmetria, **tracciali** con una linea tratteggiata.
Osserva Quanti assi di simmetria ha il parallelogramma che hai disegnato?

....

....

PASSO 2

Piega il tuo parallelogramma lungo le linee tratteggiate che hai disegnato.
Osserva Le due parti in cui il parallelogramma è diviso dalla piega si sovrappongono esattamente?

....

Rifletti Se no, che cosa puoi concludere sugli assi di simmetria che hai tracciato?

....

....

PASSO 3

Rifletti Se il tuo parallelogramma non ha assi di simmetria, pensi che sia possibile costruire un parallelogramma che abbia almeno un asse di simmetria?

....

Se sì, **disegna** un parallelogramma di questo tipo e **traccia** tutti i suoi assi di simmetria.

Osserva Quanti assi di simmetria sei riuscito a disegnare?

....

....

Esercizi di consolidamento

1 Disegna, fra le due rette parallele riportate di seguito, un trapezio isoscele, uno equilatero e uno equiangolo in modo che le due basi di ciascuno giacciano rispettivamente sulle due rette.

2 **SFIDA** Collega ciascuna descrizione alla figura che le corrisponde. Attenzione: ciascuna descrizione può corrispondere a una o più figure.

a. Le diagonali si dividono reciprocamente a metà.
b. Ha una coppia di lati opposti paralleli.
c. Le diagonali sono perpendicolari fra loro.
d. Due angoli adiacenti allo stesso lato sono supplementari.
e. Ha quattro lati congruenti fra loro.
f. I lati opposti sono congruenti.

1. Rombo
2. Rettangolo
3. Trapezio
4. Quadrato
5. Parallelogramma
6. Deltoide

3 Vero o falso?

a. Se un quadrilatero ha le diagonali perpendicolari allora è un rombo. (V) (F)
b. Se un quadrilatero è un rombo allora ha le diagonali perpendicolari. (V) (F)
c. Se in un quadrilatero le diagonali si dividono reciprocamente a metà allora è un parallelogramma. (V) (F)
d. Se un quadrilatero è un parallelogramma allora le diagonali si dividono reciprocamente a metà. (V) (F)
e. Se un quadrilatero ha quattro lati congruenti allora è un parallelogramma. (V) (F)
f. Se un quadrilatero è un parallelogramma allora ha quattro lati congruenti. (V) (F)
g. Se un parallelogramma ha le diagonali perpendicolari allora è un rombo. (V) (F)

4 Considera la seguente frase:
"*Non esiste un parallelogramma equiangolo*"
Questa frase è falsa, spiega perché fornendo un controesempio; cioè un esempio che faccia vedere che la frase è falsa mostrando che è vero il contrario.

....

....

5 **SFIDA** La prima riga della seguente tabella riporta la lunghezza del lato di diversi quadrati. Che cosa rappresentano i numeri nella seconda riga?

....

Lato	2	3	4	6	9	10	12	15	20
	8	12	16	24	36	40	48	60	80

Come potresti descrivere in modo generale la relazione che c'è fra i numeri della riga superiore e quelli della riga inferiore?

....

....

....

6 Disegna ciascuno dei seguenti quadrilateri su un foglio quadrettato e ritagliali. Traccia per ciascuno i suoi assi di simmetria e infine piega la figura lungo gli assi tracciati per verificare che le due parti combacino perfettamente.

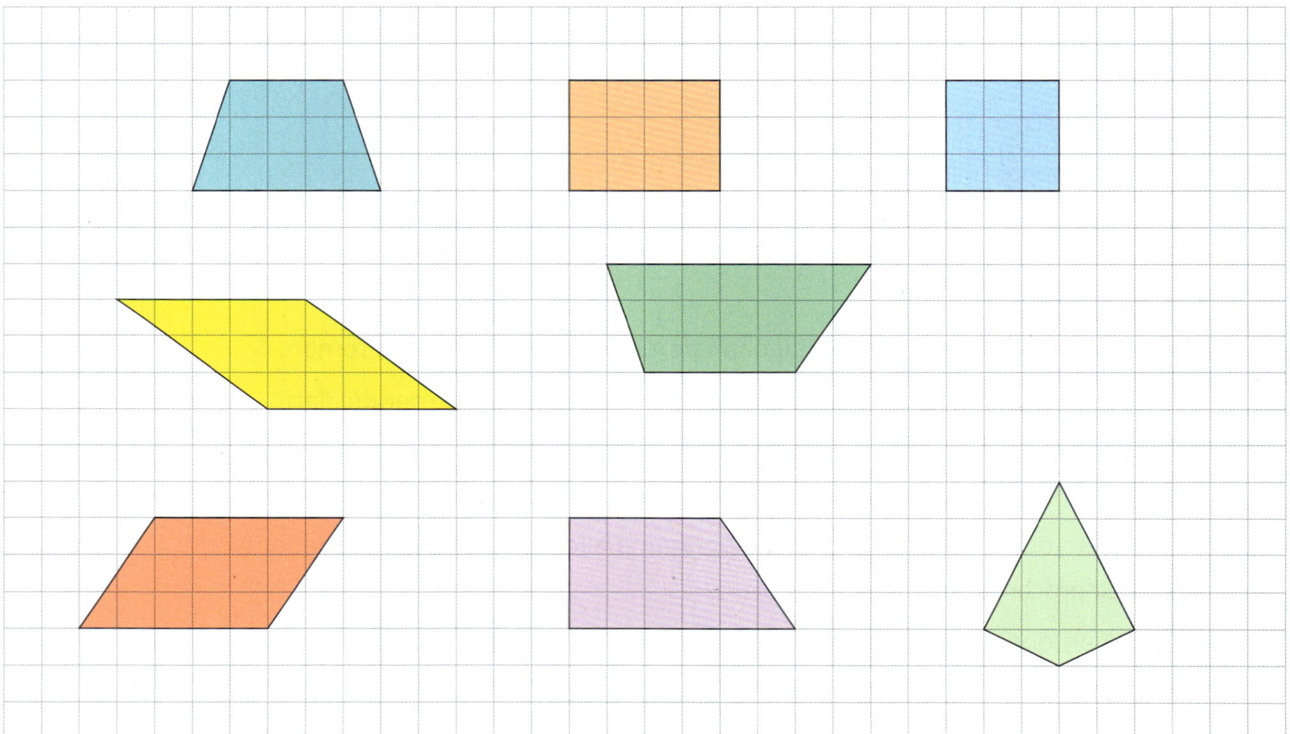

Unità 18 LE ISOMETRIE

SCHEDE

1 Fregi antichi

START

Procurati carta e penna.
Alcune decorazioni usate dagli antichi greci per vasi e templi si basavano sulla ripetizione di una singola figura. **Considera** per esempio la figura qui a fianco.

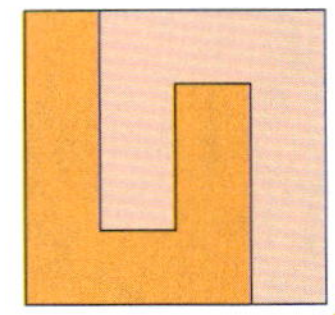

PASSO 1

Osserva Per ciascuna delle seguenti decorazioni, spiega come può essere ottenuta dalla ripetizione della figura vista sopra.

→ Sequenza 1

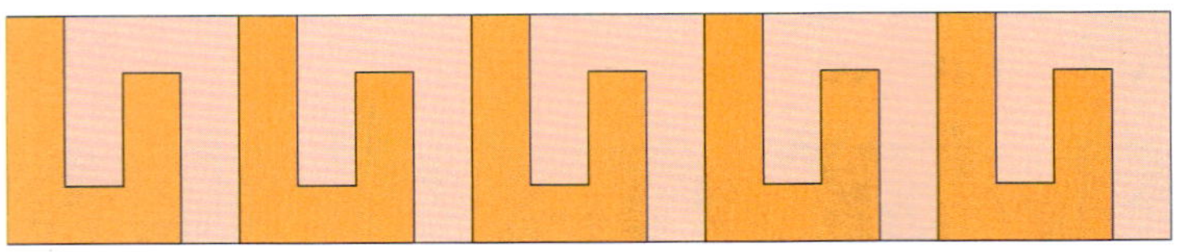

→ Sequenza 2

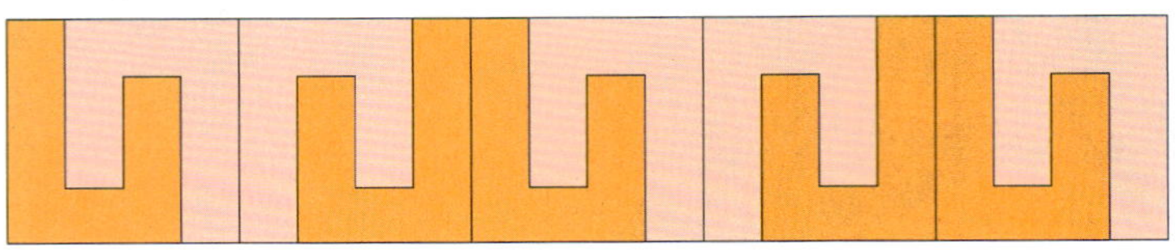

→ Sequenza 3

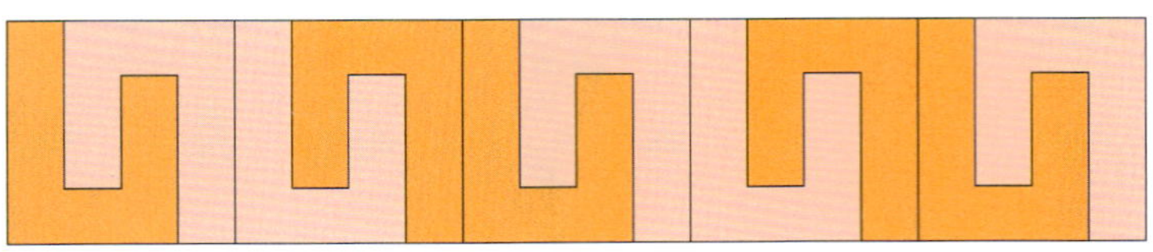

→ Sequenza 4

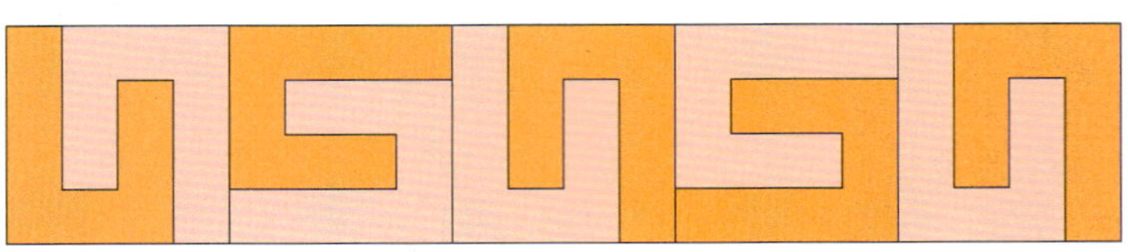

2 Dettare le trasformazioni

START

Procurati carta, matita e righello.

PASSO 1

Rappresenta una qualsiasi figura all'interno di questo riquadro.

Disegna la stessa figura traslandola, ruotandola e/o ribaltandola.

Immagina di dover spiegare a un tuo compagno come fare per disegnare la seconda figura a partire dalla prima. Che istruzioni dovrai dare?

Le istruzioni che hai fornito sono sufficienti? Sono tutte necessarie?

PASSO 2

Copia soltanto la prima figura su un nuovo foglio.

Leggi a un tuo compagno le istruzioni che hai scritto al passo 1 e chiedigli di eseguirle.

Confronta la figura ottenuta dal tuo compagno con quella che hai disegnato tu all'inizio di questa pagina. Avete ottenuto le stesse figure?

3 Trasformazioni geometriche e computer

START

Procurati un computer con un software di geometria dinamica (puoi collegarti al seguente indirizzo: **www.geogebra.org/download**), carta e penna.

PASSO 1

Disegna con un software di geometria dinamica tre punti *A*, *B* e *C* e la retta passante per *B* e *C* così come rappresentato nella seguente figura.

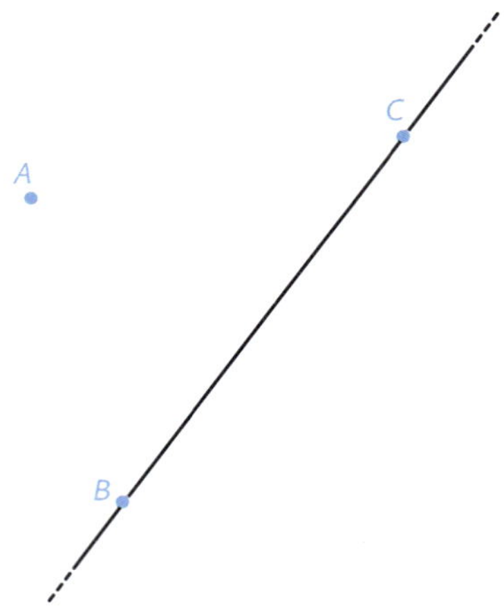

PASSO 2

Il comando Simmetria assiale (indicato da un pulsante simile a questo) permette di costruire il punto simmetrico di un punto selezionato rispetto a una retta scelta.

Rifletti Secondo te, dove si troverà il punto *A′* simmetrico di *A* rispetto alla retta che passa per *B* e per *C*?

Disegnalo sulla figura precedente. Come hai fatto a trovarlo?

Utilizza il comando Simmetria assiale per verificare dove si trova *A′*.

PASSO 3

Con il comando Rotazione (indicato da un pulsante simile a questo) puoi realizzare la rotazione di un punto di un certo angolo e rispetto a un punto scelto.

Usa il comando per realizzare la rotazione di *B* rispetto ad *A* di 45° in senso orario.

Rifletti Dove si troverà il punto *B′*?

4 Macchine matematiche

START

Procurati un computer con un software di geometria dinamica (puoi collegarti al seguente indirizzo: **www.geogebra.org/download**).
Apri il file del software di geometria dinamica relativo a questa scheda, troverai la schematizzazione di un'antica macchina matematica, chiamata pantografo, che serviva per realizzare una trasformazione geometrica.

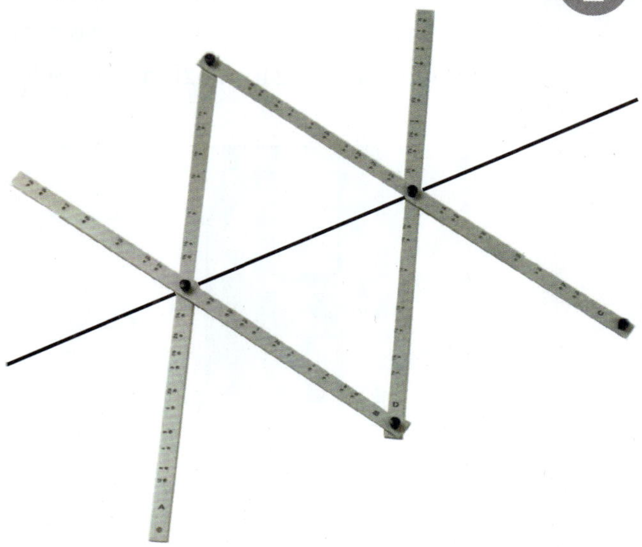

PASSO 1

Nel file **muovi** il punto blu per creare un disegno a piacere. **Noterai** che anche il punto grigio si muove creando a sua volta un disegno.
Riporta i disegni fatti dal punto blu e dal punto grigio.

PASSO 2

Rifletti Sapresti dire quale trasformazione geometrica è realizzata da questo pantografo?

....

Secondo te, com'è possibile che la macchina funzioni?

....

....

....

....

Esercizi di consolidamento

1 SFIDA Disegna il fregio che si ottiene partendo dalla seguente figura ed eseguendo i seguenti passaggi:
→ ruota la figura di 90° in senso orario rispetto all'angolo in basso a destra;
→ applica la trasformazione precedente all'ultima figura ottenuta, e così via in ogni passaggio.

2 Mirko ha disegnato il seguente triangolo *ABC*. Vorrebbe chiedere a Manuel di disegnare lo stesso triangolo ma traslato di cinque quadretti in verticale verso l'alto e ruotato di 180° rispetto al punto *B'*. Mirko dovrebbe dettare queste istruzioni ma si dimentica di darne una.
Manuel disegna il triangolo rosso che vedi rappresentato di seguito.

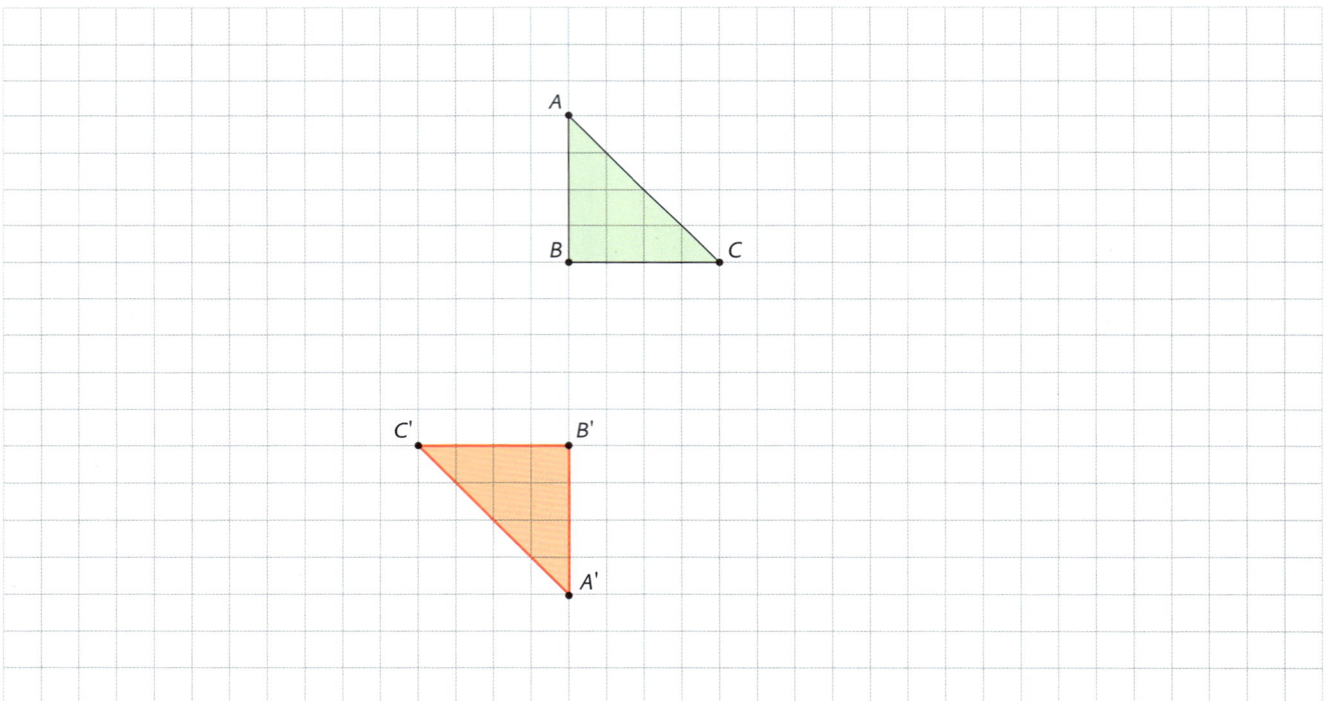

Che cosa ha dimenticato di dire Mirko?

....

....

....

3 Clara ha disegnato con un software di geometria dinamica i punti *A*, *B*, *C* e la retta *r* così come rappresentato di seguito.

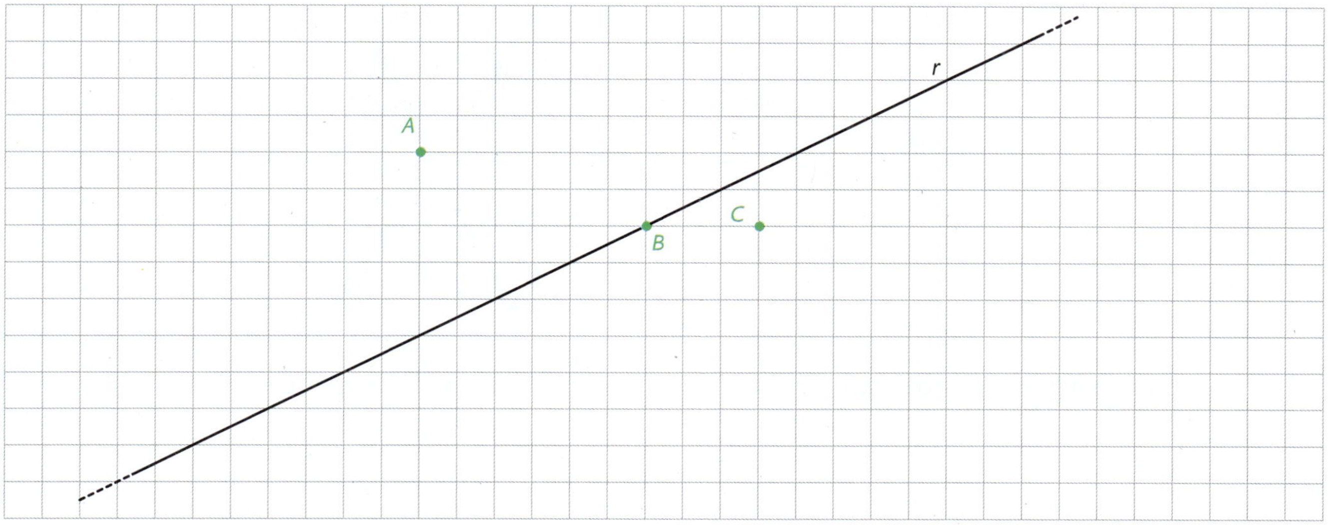

Clara usa il comando Simmetria assiale (indicato da un pulsante simile a questo 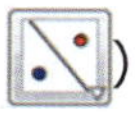) rispetto alla retta *r* sui punti *A*, *B*, *C*.
Disegna sulla figura precedente i punti *A′*, *B′* e *C′* che Clara ottiene.

4 Sofia ha disegnato con un software di geometria dinamica il punto *A* e il vettore *BC* così come rappresentato di seguito.

a. Sofia usa il comando Traslazione (indicato da un pulsante simile a questo ) applicando una traslazione di vettore *BC* al punto *A* e ottenendo così il punto *A′*.
Disegna sulla figura precedente il punto *A′*.

b. Sofia usa ancora il comando Traslazione applicando una traslazione di vettore *BC* al punto *A′* e ottenendo così il punto *A″*.
Disegna sulla figura precedente il punto *A″*.

5 **SFIDA** Claudio usa la macchina matematica che vedi nella seguente fotografia (rivedi con attenzione la scheda 4).

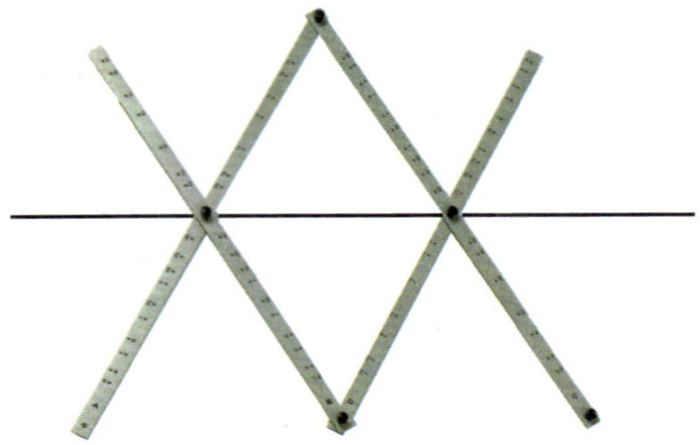

Muovendo il puntatore più in alto disegna la figura che vedi di seguito.

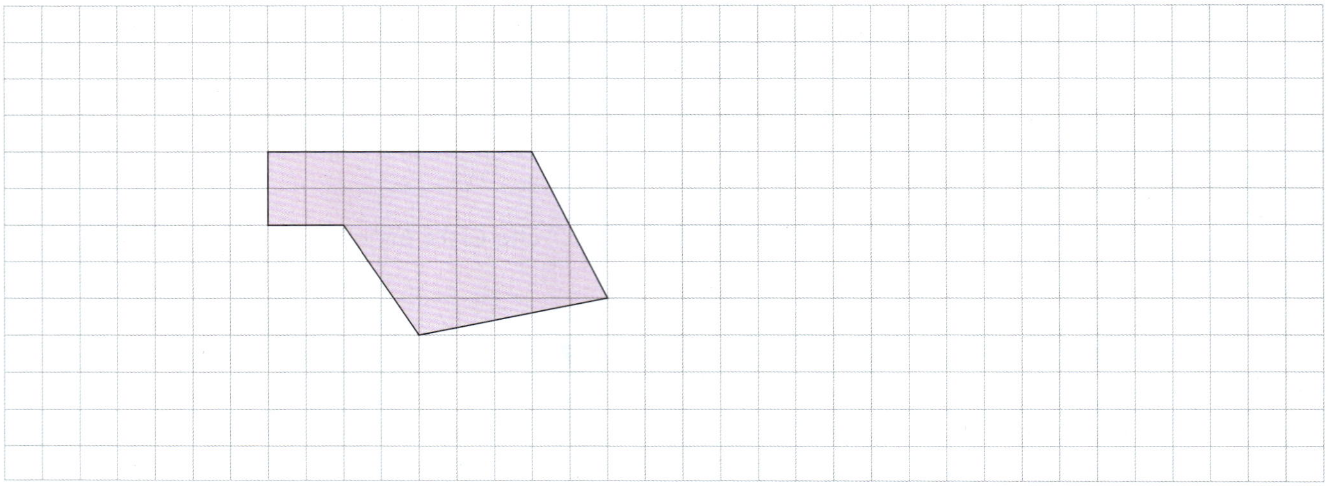

Disegna la figura che viene riprodotta dal puntatore più in basso della macchina.